Anne Wilson

Yum Cha

—&—

délices d'Asie

KÖNEMANN

Glossaire

Si la diversité des épices, des plantes aromatiques et autres ingrédients de la cuisine asiatique nous est familière à travers les restaurants et les voyages, elle n'a que rarement ses entrées dans notre cuisine. Ce à quoi on peut remédier avec un minimum de connaissance pour apprendre à les reconnaître et à les préparer.

Pousses de bambou
On les trouve en conserve, dans l'eau. Vous pouvez conserver la partie non utilisée dans l'eau, pendant une semaine, si vous la changez tous les jours. Disponibles dans les épiceries asiatiques et au rayon Asie des grands supermarchés.

Tofu
Existe frais, déshydraté et frit, en variétés ferme ou tendre. Fabriqué à partir des germes de soja, le tofu est riche en protéines. Frais, vous le conservez dans de l'eau, 5 jours, au réfrigérateur, en changeant l'eau tous les jours. Le tofu frais, et même ferme, reste tendre ; manipulez-le délicatement pour le faire sauter ou frire, de façon à ne pas trop l'émietter. Le tofu frit a une couleur brun clair et une consistance spongieuse. Il doit être utilisé

2 à 3 jours après l'achat et conservé dans un récipient hermétique. Disponible dans les épiceries asiatiques, les magasins diététiques et les supermarchés.

Germes de soja
Le craquant du germe de ces haricots disparaît très vite ; conservez-les dans de l'eau, au réfrigérateur, 1 à 2 jours. Leur temps de cuisson est très rapide ; les germes de soja donnent à un plat fraîcheur et craquant. Dans la cuisine traditionnelle asiatique, on enlève toujours les tiges trop fines.

Farine de pois chiches
Faite à partir de pois chiches moulus et employée dans la cuisine indienne, cette farine a un goût et une consistance bien particuliers.
Vous la trouverez dans les magasins diététiques et dans quelques grands supermarchés.

Haricots noirs
Très salés, les haricots de soja fermentés doivent être bien rincés avant utilisation. Ils existent en conserve ou en paquet et on se les procure dans les épiceries asiatiques ; ils se conservent indéfiniment dans un récipient hermétique, au réfrigérateur.

Champignons noirs

Cette variété de la famille des champignons est vendue déshydratée, en paquets. Avant de les utiliser, faites-les tremper dans de l'eau chaude jusqu'à ce qu'ils ramollissent. Ces champignons, réhydratés, retrouvent à chaque fois leur taille. On les utilise dans les plats plus pour leur consistance que pour leur saveur, plutôt douce. Vous les trouverez dans les épiceries asiatiques, déshydratés, en paquets.

Vermicelles chinois

Ce sont de fines nouilles transparentes déshydratées que l'on met généralement à

tremper dans de l'eau chaude pour les attendrir ou parfois dans de l'eau bouillante. Disponibles dans les épiceries asiatiques et dans la plupart des supermarchés.

Saucisse chinoise (Lup Chiang)

Cette saucisse de porc épicée doit être cuite à la vapeur ou au four avant d'être consommée. Vendue au rayon frais des supermarchés asiatiques, ou en paquet sous-vide, non frais, dans les épiceries ou chez les bouchers asiatiques, cette saucisse peut se conserver jusqu'à 3 mois au réfrigérateur.

Coriandre

Cette plante aromatique est utilisée pour parfumer ou décorer les plats asiatiques. On cuisine la plante dans sa totalité – racines, tiges et feuilles. Vous pouvez faire griller les graines, mais elles sont le plus souvent moulues. On trouve la coriandre dans les grands magasins.

Cumin

On trouve cette épice aromatique sous forme de graines ou moulu. Son parfum est mieux développé dans les plats frits. Le cumin est l'un des parfums essentiels de la pâte au curry.

Fenugrec

Ces graines aromatiques sont d'abord grillées et moulues, avant d'être ajoutées à la pâte au curry, ou employées dans la cuisine indienne. À utiliser avec précaution, car leur parfum peut être amer.

Sauce nuoc-mâm

Cette sauce piquante et salée est largement utilisée dans la cuisine Thaï et (la plus foncée) dans la cuisine vietnamienne. On la trouve dans les épiceries asiatiques et les grands supermarchés. La sauce nuoc-mâm se conserve indéfiniment une fois ouverte. Gardez-la au réfrigérateur.

Poudre aux 5 épices
Ce mélange aromatique d'épices moulus est largement utilisé dans la cuisine chinoise. Vous devez en parfumer vos plats sans excès, car il peut surpasser des saveurs moins puissantes. La poudre aux 5 épices se trouve au rayon épices des supermarchés et dans les épiceries asiatiques.

Farines
La farine de riz asiatique est extraite de riz à grain court, finement moulu. Sa consistance fine et légère donne un croustillant particulier aux plats frits quand elle entre dans la composition de pâte à

frire ou qu'elle sert de panure.
La farine de tapioca peut remplacer la fécule de maïs. Elle est très utilisée dans les pâtes à beignets de la cuisine asiatique.
La fécule de blé est un ingrédient essentiel de la cuisine chinoise, qui entre dans la composition des galettes translucides et de la pâte des bouchées. Ces farines sont disponibles dans les épiceries asiatiques ou dans certains magasins diététiques.

Ciboulette alliacée
Il s'agit de ciboulette longue et à feuille plate, à tige délicatement parfumée, et dont la fleur élégante est

comestible. On la trouve dans les épiceries asiatiques et dans quelques magasins spécialisés en fruits et légumes exotiques.

Sauce Hoisin
Cette sauce épaisse rouge-brun a une douce saveur épicée. Fabriquée à partir de germes de soja et d'épices, on la trouve dans les épiceries asiatiques et les supermarchés.

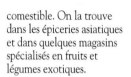

Champignons de paille (chinois)
Voici des champignons à la saveur des bois unique, vendus déshydratés. Il faut les faire tremper dans de l'eau chaude, jusqu'à ce qu'ils soient tendres et spongieux ; ensuite, on les coupe en tranches ou on les hache, après s'être débarrassé des

queues. On trouve les champignons déshydratés en paquets, dans les épiceries asiatiques et les supermarchés.

Sauce d'huître
Cette sauce, onctueuse et doucereuse, bien que fabriquée avec des huîtres et du soja, n'a pas un goût de poisson, et on peut donc l'utiliser dans de nombreux plats. Une fois la bouteille ouverte, conservez-la au réfrigérateur. La sauce d'huître est vendue dans les épiceries asiatiques et les supermarchés.

Crêpes de riz
Ces crêpes sont fabriquées à partir d'un mélange de farine de riz et d'eau, et étalées en fines crêpes, avant d'être séchées au soleil.

4

Déshydratées, ces crêpes sont très fragiles ; on doit les enduire d'eau pour les amollir, avant de les utiliser. Disponibles dans les épiceries asiatiques.

Huile de sésame
Cette huile, très parfumée, est fabriquée avec des graines de sésame. On l'emploie très largement dans la cuisine chinoise. Vendue en bouteille, on la trouve dans les épiceries asiatiques et la plupart des supermarchés. L'huile de sésame doit être utilisée avec parcimonie.

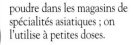

Vin chinois
Ce vin de cuisine chinois, bon marché, est disponible dans les épiceries asiatiques. Si vous n'en trouvez pas, remplacez-le par du xérès sec.

Sauce soja
Elle est fabriquée à partir de germes de soja fermentés ; sa saveur est riche et salée. On la trouve sous trois formes : la sauce soja douce (standard) est la plus fréquemment utilisée ; la sauce plus sombre est employée pour des viandes plus corsées et des plats au poulet qui nécessitent une sauce de couleur foncée et

plus épaisse ; on fabrique enfin la sauce soja aux champignons en rajoutant, aux dernières étapes de la fermentation, des champignons. Toutes ces sauces sont disponibles en bouteille, dans les épiceries asiatiques et les bons supermarchés. Les sauces soja se conservent indéfiniment.

Navet en conserve
Ce navet, salé et en conserve, apporte une saveur délicieuse quand il est utilisé à petite dose. On le trouve en paquet dans les épiceries

asiatiques.
Une fois le paquet ouvert, vous devez le conserver au réfrigérateur.

Wasabi
Cette pâte au raifort vert très piquant est utilisée dans la cuisine japonaise.
Disponible sous forme de pâte, déshydraté ou en

poudre dans les magasins de spécialités asiatiques ; on l'utilise à petites doses.

Châtaignes d'eau
Ces légumes doux ont une consistance très croquante. On les trouve en conserve dans les épiceries asiatiques et les supermarchés. Vous pouvez les conserver 3 à 4 jours dans de l'eau, que vous devrez changer tous les jours. Vous pouvez aussi en trouver dans des magasins de fruits et légumes asiatiques.

Galettes Won Ton/ Feuilles de rouleaux de printemps
Ces feuilles de pâte fine sont vendues sous forme de carrés ou de ronds, fraîches ou surgelées. On les trouve dans les épiceries asiatiques ou dans certains supermarchés. Elles se conservent au congélateur jusqu'à utilisation. Au moment de les garnir, prenez-en une à la fois, et gardez les autres recouvertes d'un torchon humide pour éviter qu'elles ne sèchent.

5

Yum Cha

Il y a plusieurs siècles, les chefs cuisiniers de la Chine Impériale créèrent de succulents petits en-cas destinés à offrir tout un éventail de goûts et de consistances. Ayant survécu au temps, on les retrouve aujourd'hui sous le nom de Yum Cha, que l'on déguste avec le thé.

Rouleaux de printemps vietnamiens

Temps de préparation :
  50 minutes
Temps de cuisson :
  20 minutes
Pour 20 rouleaux

50 g de vermicelle chinois
2 cuil. à soupe de champignons noirs déshydratés
2 tasses d'eau chaude
20 à 25 crêpes de riz
250 g de chair de crevette crue
150 g de porc haché
4 oignons nouveaux, hachés
1/2 tasse de germes de soja, grossièrement hachés
1 cuil. à café de sucre
Sel et poivre, à volonté
1 œuf, battu
Huile pour friture

Pour le service
20 feuilles de laitue
1 tasse de germes de soja
1 tasse de feuilles de menthe
Sauce d'accompagnement
2 cuil. à soupe de sauce nuoc-mâm
2 cuil. à soupe d'eau froide
1 cuil. à café de sucre roux, doux
1 cuil. à café de piment haché
2 cuil. à soupe de coriandre hachée

1. Mettez les vermicelles et les champignons à tremper, séparément, dans de l'eau chaude, pendant 10 mn, jusqu'à ce qu'ils soient tendres. Égouttez et hachez grossièrement les champignons ; réservez.
2. Avec un pinceau à pâtisserie, enduisez généreusement d'eau chaque crêpe. Laissez reposer 2 mn, jusqu'à ce qu'elles s'amollissent et puissent être pliées ; empilez-les sur une assiette. Hachez finement la chair des crevettes ; dans un saladier, mélangez-la avec le porc haché, les oignons nouveaux, les germes de soja, le sucre, le sel et le poivre, les vermicelles et les champignons. Remuez bien. Mettez 1 cuil. à soupe de cette garniture à la base de la crêpe. Repliez et roulez la crêpe, bien serrée. Badigeonnez le joint d'œuf et posez les rouleaux sur une plaque. Répétez l'opération avec le reste de crêpes et de garniture.
3. Presser les rouleaux avec du papier absorbant pour en exprimer l'eau. Mettez 4 à 5 cm d'huile à chauffer dans une poêle ; faites-y dorer les rouleaux de printemps, par fournées, 2 à 3 mn. Égouttez-les sur du papier absorbant.
4. Posez chaque rouleau dans une feuille de laitue, avec 1 cuil. à soupe de germes de soja et 2 feuilles de menthe. Roulez pour former un paquet régulier. Servez avec la sauce d'accompagnement.
5. Préparation de la sauce d'accompagnement : mélangez bien la sauce, l'eau, le sucre, le piment et la coriandre dans un bol.

Note : on trouve les crêpes de riz dans les épiceries asiatiques ; sèches, elles sont fragiles, jusqu'à ce qu'elles soient humidifiées. Laissez-les empilées pour conserver toute leur humidité, et n'en préparez qu'une à la fois. Prévoyez-en quelques-unes de plus, car elles cassent facilement.

Rouleaux de printemps vietnamiens.

Blancs de poulet au miel

Temps de préparation :
   15 minutes +
   12 h de macération
Temps de cuisson :
   15 minutes
Pour 15 morceaux

2 cuil. à café de miel
2 cuil. à café d'eau chaude
2 cuil. à café de jus de citron
2 gousses d'ail, écrasées
2 cuil. à café de gingembre râpé
2 blancs de poulet
Sel et poivre, à volonté
Huile pour friture

Pâte à frire
1 cuil. à soupe de farine
2 cuil. à café d'huile
2 cuil. à soupe d'eau
2 cuil. à café de miel
1 cuil. à soupe de sauce soja
1 cuil. à soupe de xérès
1 blanc d'œuf

1. Mélangez le miel, l'eau, le jus de citron, l'ail et le gingembre. Découpez le poulet en fines lanières, transférez-le dans un plat inoxydable et badigeonnez-le de la préparation au miel. Couvrez le plat et mettez au frais, 12 heures. Salez et poivrez le poulet, égouttez-le bien.
2. Préparation de la pâte à frire : mélangez la farine, l'huile, l'eau, le miel, la sauce soja et le xérès jusqu'à obtention d'une consistance onctueuse. Montez le blanc d'œuf en neige. Incorporez-

le rapidement dans la préparation.
3. Plongez les morceaux de poulet dans la pâte à frire, sans trop les charger. Mettez 3 à 4 cm d'huile à chauffer dans une poêle, et faites le dorer, peu de morceaux à la fois, 2 minutes. Sortez-les de la poêle, égouttez-les sur du papier absorbant. Servez chaud.

Calamars au piment

Temps de préparation :
   10 minutes +
   30 minutes au repos
Temps de cuisson :
   10 minutes
Pour 4 à 6 personnes

3 encornets, émincés
1 œuf
2 cuil. à soupe de sauce au piment doux
1 cuil. à soupe de sauce soja
1 cuil. à café de feuilles de coriandre fraîches, hachées
1/2 cuil. à café de piment haché
Huile pour petite friture

1. Mélangez les calamars, l'œuf, les sauces, la coriandre et le piment. Laissez reposer au moins 30 minutes. Égouttez bien.
2. Faites chauffer 1 à 2 cm d'huile dans une poêle ; mettez les calamars à cuire 1 à 2 minutes, par fournées, pour les faire dorer. Délicieux avec une sauce au piment doux.

Toasts crevettes et coriandre

Temps de préparation :
   15 minutes
Temps de cuisson :
   15 minutes
Pour 32 toasts

500 g de crevettes crues, décortiquées et déveinées
8 oignons de printemps, hachés
1 tige de lemon grass, hachée
1 gousse d'ail, écrasée
1 blanc d'œuf
1 cuil. à soupe d'huile
1 cuil. à soupe de feuilles de coriandre fraîches, hachées
1 cuil. à soupe de sauce nuoc-mâm
2 cuil. à café de sauce au piment
1 cuil. à café de jus de citron
8 tranches de pain rassis, sans croûte
Huile pour petite friture

1. Mettez dans un mixeur les crevettes, les oignons, le lemon grass, l'ail, le blanc d'œuf, l'huile, la coriandre, les sauces et le jus de citron. Mixez pour hacher finement.
2. Tartinez le pain du mélange aux crevettes. Découpez 4 triangles dans chaque tranche.
3. Faites chauffer 1 à 2 cm d'huile dans une poêle ; mettez les tranches de pain côté tartiné vers le bas et laissez frire 2 à 3 minutes. Retournez le pain et laissez cuire 1 minute de plus,

Toasts crevettes et coriandre (en haut), blancs de poulet au miel (à gauche) et calamars au piment.

jusqu'à ce qu'il soit doré et craquant. Égouttez bien sur du papier absorbant.

Note : vous pouvez acheter des crevettes royales roses, déjà décortiquées.

Ballotins de noix Saint-Jacques au gingembre

Temps de préparation :
  40 minutes
Temps de cuisson :
  15 minutes
Pour 25 ballotins

1 cuil. à soupe d'huile
5 cm de gingembre pelé, émincé
  et émietté
4 oignons nouveaux, hachés
25 noix de Saint-Jacques, sans
  corail (350 g)
1 cuil. à soupe de vin chinois ou
  de xérès
2 cuil. à café d'huile de sésame
1 cuil. à café de fécule de maïs
Sel et poivre, à volonté
25 won ton ou galettes aux
  œufs
1 œuf, battu
Huile pour petite friture
1/2 bouquet de ciboulette

1. Faites chauffer l'huile ;
ajoutez le gingembre et les
oignons, et laissez cuire
2 mn, à feu moyen, en
remuant. Augmentez le feu,
et lorsque la poêle est bien
chaude, mettez les noix de
Saint-Jacques ; faites-les
sauter 30 secondes, en
remuant énergiquement.
Sortez la poêle du feu.
2. Mélangez le vin, l'huile de
sésame, la fécule de maïs, le
sel et le poivre jusqu'à
obtention d'une pâte

onctueuse. Versez sur les
noix de Saint-Jacques,
remettez la poêle sur le feu et
faites revenir 30 s à feu vif,
jusqu'à épaississement du
liquide. Laissez refroidir
complètement.
3. Travaillez une galette à la
fois (gardez les autres
couvertes) ; enduisez les
bords de la galette d'œuf
battu. Mettez une noix de
Saint-Jacques au centre,
remontez les bords de la
galette, pincez-les pour
former une poche, en
laissant dépasser une
dentelle de pâte. Mettez le
ballotin sur une plaque et
répétez l'opération.
4. Faites chauffer 1 à 2 cm
d'huile dans une poêle ;
mettez les ballotins de noix
Saint-Jacques à frire (par
fournées, si nécessaire), 4 à
5 mn, jusqu'à ce qu'ils soient
bien dorés. Égouttez-les sur
du papier absorbant. Nouez
une tige de ciboulette
autour de chaque ballotin et
servez immédiatement.

Note : si possible, utilisez des
noix de Saint-Jacques
chinoises. Vous en trouverez
chez les poissonniers ou dans
les épiceries chinoises ; elles
sont plus grosses et plus
blanches que les autres
variétés, et n'ont pas de
corail rouge. Si vous en
utilisez d'autres, enlevez le
corail rouge et doublez les
quantités.

Boulettes de riz vapeur

Temps de préparation :
  25 minutes +
  30 minutes au repos
Temps de cuisson :
  30 minutes
Pour 24 boulettes

1 tasse de riz
500 g de porc haché
4 oignons nouveaux;
  hachés
1 cuil. à soupe de châtaignes
  d'eau hachées
1 cuil. à café de sauce d'huître
2 cuil. à café de sauce au
  piment doux
3 gousses d'ail, écrasées
1 cuil. à soupe de gingembre frais
1 cuil. à soupe de sel

1. Faites tremper le riz
30 mn dans de l'eau froide.
Égouttez-le bien.
2. Dans un saladier,
mélangez le porc haché, les
oignons nouveaux, les
châtaignes d'eau, les sauces,
l'ail, le gingembre et le sel.
Former des boulettes de la
taille d'une noix.
3. Posez les boulettes, bien
espacées, et sans les
superposer, dans un panier
vapeur. (cuisez-les par
fournées, si nécessaire).
Couvrez et posez le panier
au-dessus d'une casserole
d'eau bouillante, 25 à 30 mn,
jusqu'à ce que le riz soit
tendre et les boulettes cuites.
Servez avec une sauce
d'accompagnement.

Ballotins de noix de Saint-Jacques au gingembre (à gauche) et
boulettes de riz vapeur.

Croustines thaï au maïs

Temps de préparation :
25 minutes
Temps de cuisson :
20 minutes
Pour 15 croustines environ

2 tasses de grains de maïs
congelés
3 oignons nouveaux, émincés
4 cm de gingembre, râpé
2 gousses d'ail, écrasées
1/2 tasse de feuilles de
coriandre hachées
1/4 de tasse de fécule de maïs
2 œufs, battus
2 cuil. à café de sauce nuoc-mâm
1 cuil. à café de sucre roux, doux
Huile pour petite friture

1. Dans un grand saladier, mélangez le maïs, les oignons, le gingembre, l'ail et la coriandre. Mélangez à part la fécule de maïs, les œufs, la sauce nuoc-mâm et le sucre ; versez ce mélange dans la préparation au maïs et battez avec une cuil. en bois.
2. Faites chauffer 1 à 2 cm d'huile dans une grande poêle ; mettez à frire, 2 minutes, à feu moyen, 1 cuil. à soupe du mélange, jusqu'à ce que la base croustille. Retournez délicatement et laissez frire 1 minute. Répétez l'opération avec le reste de la préparation. Égouttez sur du papier absorbant et servez aussitôt.

Poisson épicé en brochettes

Temps de préparation :
10 minutes + 1 heure au
réfrigérateur
Temps de cuisson :
10 minutes
Pour 12 brochettes environ

1 piment vert, égrainé
1 gousse d'ail, écrasée
2 oignons nouveaux, hachés
1 cuil. à café de gingembre râpé
1/2 cuil. à café de coriandre
moulue
40 g de noix d'arec, hachées
1 tige de citronnelle, finement
hachée
1 cuil. à soupe d'huile
250 g de filets de poisson blanc
1 cuil. à soupe de sauce soja
Sel et poivre noir, à volonté

1. Mettez le piment, l'ail, les oignons, le gingembre, la coriandre, la noix d'arec et la citronnelle dans un robot ménager. Mixez jusqu'à obtention d'une pâte onctueuse.
2. Mettez l'huile à chauffer dans une poêle et faites cuire la pâte 4 minutes, à feu moyen, jusqu'à ce qu'elle soit dorée. Laissez refroidir.
3. Mixez le poisson au robot ménager, jusqu'à ce qu'il soit finement haché. Ajoutez la pâte cuite, la sauce soja, le sel et le poivre et mixez le tout. Mettez au réfrigérateur et laissez bien refroidir (environ 1 heure).

4. Prenez une grosse cuillerée de la préparation et modelez des boulettes autour des brochettes en bois. Faites-les cuire 3 minutes, sous le gril du four préchauffé, jusqu'à ce qu'elles soient dorées de tous côtés. Servez chaud avec une sauce satay (voir p. 47).

Boulettes de carottes frites

Temps de préparation :
25 minutes
Temps de cuisson :
15 minutes
Pour 20 boulettes

350 g de carottes, épluchées et
émincées
2 cm de gingembre frais,
épluché et râpé
2 oignons nouveaux, hachés
2 cuil. à café d'huile de sésame
1 œuf, battu
Sel et poivre, à volonté
3/4 de tasse de farine complète
1/3 de tasse de graines de
sésame
Huile pour friture

1. Faites cuire 15 minutes les carottes dans de l'eau bouillante salée, jusqu'à ce qu'elles soient tendres. Égouttez-les et écrasez-les. Écrasez le gingembre dans un mortier et versez son jus dans les carottes écrasées. Ajoutez les oignons, l'huile de sésame et l'œuf ; assaisonnez à volonté.

De droite à gauche : boulettes de carottes frites, poisson épicé en brochettes, croustines thaï au maïs.

2. Formez des petites boulettes de la taille d'une noix avec la préparation de carotte. Roulez-les dans le mélange farine et graines de sésame ; secouez pour enlever tout excès.

3. Faites chauffer 3 à 4 cm d'huile dans une poêle ; posez-y les boulettes et faites-les frire 2 à 3 minutes, par fournées, jusqu'à ce qu'elles soient dorées. Sortez les boulettes de la poêle, égouttez-les sur du papier absorbant, puis remettez-les dans l'huile, et laissez cuire 30 secondes de plus. Égouttez sur du papier absorbant et servez aussitôt.

Rouleaux de printemps

La tradition voulait que ces rouleaux frits croustillants soient garnis de pousses de bambou fraîches et servis comme subtils en-cas, lors de la fête du printemps. De nos jours, ils incarnent toutes les saveurs de la Chine.

Rouleaux de printemps traditionnels

Dans une poêle ou un wok, faites chauffer 1 cuil. à soupe d'huile, ajoutez 2 gousses d'ail hachées, 3 cm de gingembre râpé et laissez cuire 30 secondes. Incorporez 100 g de porc haché, 100 g de poulet haché et 50 g de chair de crevettes crues émincée. Faites revenir 3 minutes, le temps de faire dorer les hachis. Transférez cette préparation dans un saladier. Nettoyez la poêle et mettez-y 1 cuil. à soupe d'huile, 2 branches de céleri finement émincées, 1 petite carotte finement hachée, 1/2 tasse de châtaignes d'eau hachées, 4 oignons nouveaux hachés et 1 tasse de chou finement déchiqueté. Faites sauter 2 minutes, à feu moyen. Liez, jusqu'à obtention d'une crème : 1/2 tasse de bouillon de volaille, 1 cuil. à soupe de fécule de maïs, 2 cuil. à soupe de sauce d'huître, 1 cuil. à soupe de sauce soja et 1/2 cuil. à café de sel et de poivre blanc. Liez ce

À partir de la gauche : rouleaux de printemps traditionnels, végétarien, thaï, crevette et crabe

mélange aux légumes et remuer jusqu'à ce que la sauce épaississe. Ajoutez 2 cuil. à café d'huile de sésame à la préparation de viande cuite. Remuez bien et laissez refroidir. Mélangez, jusqu'à obtention d'une pâte onctueuse, 1/4 de tasse de fécule de maïs supplémentaire et 1/3 tasse d'eau. Prenez 2 petites feuilles carrées de galette, posez-en une avec un coin face à vous. Enduisez tous les bords d'un peu de pâte de fécule et posez la seconde feuille dessus. Enduisez les bords de la seconde feuille

avec la pâte de farine. Déposez 1 cuil. à soupe 1/2 de garniture dans la feuille. Repliez le coin de la feuille sur la garniture, repliez les bords et roulez bien serré. Répétez l'opération avec le reste de feuilles et de garniture. Mettez 3 tasses d'huile à chauffer dans une poêle profonde et faites frire les rouleaux 2 à 3 minutes, par fournées, jusqu'à ce qu'ils dorent bien. Égouttez-les sur du papier absorbant et servez avec une sauce au piment doux et une sauce soja. Préparation pour 18 rouleaux.

Garniture végétarienne

Faites chauffer 1 cuil. à soupe d'huile dans un wok ou une poêle ; ajoutez 2 gousses d'ail hachées, 4 oignons de printemps hachés, 4 cm de gingembre émincé et finement émietté. Faites revenir 2 minutes à feu doux. Ajoutez 2 branches de céleri finement émincées, 2 tasses de carottes râpées, 2 tasses de chou finement déchiqueté, 1/2 tasse de tofu frit finement émincé, 1 tasse de pousses de soja et 2 cuil. à soupe de châtaignes d'eau. Couvrez la poêle et laissez cuire 2 minutes à l'étouffée. Liez intimement 3 cuil. à café de fécule de maïs, 1 cuil. à soupe d'eau, 2 cuil. à café d'huile de sésame, 2 cuil.s à café de sauce soja et 1/2 cuil. à café de sel et de poivre blanc. Versez le tout sur les légumes et remuer 2 minutes, jusqu'à ce que la sauce épaississe. Laissez refroidir complètement. Formez les rouleaux comme indiqué ci-dessus.

Garniture thaï

Mettez 30 g de vermicelles chinois à tremper dans de l'eau chaude jusqu'à ce qu'ils soient tendres ; égouttez-les bien. Mettez 1 cuil. à soupe d'huile à chauffer dans un wok ou une poêle et ajoutez 3 gousses d'ail hachées, 3 cm de gingembre ou de galangal râpé, 3 racines de coriandre finement hachées et 3 oignons de printemps hachés. Faites sauter 2 minutes. Dans la poêle, ajoutez 200 g de porc haché et 2 branches de céleri finement émincé. Faites revenir 3 minutes, en détachant les blocs de viande, jusqu'à ce qu'elle soit bien dorée. Ajoutez 1 tasse de carotte râpée, 1/2 tasse de coriandre hachée, 1/4 de tasse de concombre finement haché, 1 cuil. à soupe de sauce au piment doux, 2 cuil. à café de sauce nuoc-mâm et 1 cuil. à café de sucre roux ; mélangez bien. Laissez refroidir complètement. Préparez les rouleaux comme indiqué plus haut.

Garniture crevette et crabe

Mettez 1 cuil. à soupe d'huile à chauffer dans un wok, faites-y sauter 1 minute, 2 gousses d'ail hachées, 4 cm de gingembre frais râpé et 4 oignons de printemps hachés. Ajoutez 350 g de chair de crevettes crue hachée et faites revenir 3 minutes. Mettez 1 tasse de germes de soja hachés, 1/4 tasse de châtaignes d'eau hachées et 2 cuil. à soupe de grains de poivre frais, grossièrement broyés. Incorporez 225 g de chair de crabe en boîte, et 2 cuil. à soupe de feuilles de coriandre hachées. Mélangez intimement 1 cuil. à soupe de fécule de maïs, 1 cuil. à soupe d'eau, 1 cuil. à soupe de nuoc-mâm, 1 cuil. à café de sucre roux et 1/4 de cuil. à café de sel. Versez dans la préparation à la crevette et faites épaissir. Laissez refroidir, et formez les rouleaux comme indiqué plus haut.

15

1. Découpez en lanières les feuilles de won ton avec un couteau bien aiguisé.

2. Incisez légèrement l'intérieur de chaque crevette, sur toute sa longueur.

Won Ton frits aux crevettes farcies

Temps de préparation :
40 minutes
Temps de cuisson :
10 minutes
Pour 12 won ton

15 feuilles de won ton
12 grosses crevettes crues
200 g de chair de crevettes
  crues
4 oignons de printemps, très
  finement émincés
50 g de lard, finement émincé
1 blanc d'œuf
1/2 tasse de fécule de maïs
Sel et poivre, à volonté
1 œuf, légèrement battu
Huile pour friture

1. À l'aide d'un couteau pointu bien aiguisé, découpez en fines lanières les feuilles de won ton. Décortiquez les crevettes, en gardant les queues intactes. Jetez les têtes. Retirez la veine noire des crevettes avec la pointe du couteau. Incisez légèrement la crevette sur toute sa longueur.
2. Sur une planche à découper, mélangez la chair de crevettes, les oignons de printemps et le lard. Hachez très finement les ingrédients avec un couteau à large lame (ou hachez-les grossièrement au robot ménager). Mettez les ingrédients dans un saladier, incorporez le blanc d'œuf, 3 cuil. à café de fécule de maïs, salez, poivrez et mélangez intimement à la main.
3. À l'aide d'un couteau, faites pénétrer environ 1 cuil. à café de farce dans chaque crevette. Enfermez autant de farce que possible dans l'incision et tassez – les mains sèches – celle qui déborde, autour de la crevette. Roulez les crevettes dans le reste de fécule, plongez-les légèrement dans l'œuf battu, saupoudrez-les de lanières de feuilles de won ton et pressez fermement.
4. Dans un wok ou une poêle, mettez 3 à 4 cm d'huile à chauffer, posez les crevettes et faites-les frire par fournées, 4 minutes, jusqu'à ce qu'elles soient dorées. Égouttez sur du papier absorbant et servez sans attendre.

Note : les crevettes peuvent être décortiquées et farcies un jour à l'avance. Conservez-les au réfrigérateur. Enrobez-les des feuilles de won ton émincées juste avant de les frire. On trouve du lard au rayon frais de tous les supermarchés.

Won Ton frits aux crevettes farcies

3. Étalez la farce le long de l'incision en pressant fermement.

4. Enrobez délicatement de farine les crevettes farcies avant de les plonger dans l'œuf.

Samosas

Temps de préparation :
  30 minutes
Temps de cuisson :
  10 à 15 minutes
Pour 24 samosas environ

2 pommes de terre, épluchées
1/2 tasse de petits pois surgelés
1/4 de tasse de raisins de
  Corinthe
2 cuil. à soupe de coriandre
  fraîche hachée
2 cuil. à soupe de jus de citron
1 cuil. à soupe de sauce soja
1 cuil. à café de cumin moulu
1 cuil. à café de piment en
  poudre
1/2 cuil. à café de piment frais
  haché
1/4 de cuil. à café de cannelle
  moulue
4 feuilles de pâte feuilletée
  surgelée, déjà roulées et
  dégelées
Huile pour petite friture

Sauce à la menthe
1/2 tasse de yaourt au lait
  entier
1/2 tasse de babeurre
1/4 de tasse de menthe fraîche
  finement hachée
1/2 tasse de cumin moulu

1. Faites cuire les pommes
de terre et hachez-les
finement. Mélangez-les
avec les petits pois, les
raisins, la coriandre, le jus
de citron, la sauce soja, le
cumin, le piment frais et en
poudre et la cannelle.
2. Découpez dans la pâte
des cercles de 10 cm avec

un emporte-pièce. Posez
1 cuil. à café de farce sur
chaque cercle, repliez la
pâte en demi-cercle. Pincez
les bords fermement avec
une fourchette.
3. Mettez 1 à 2 cm d'huile à
chauffer dans une poêle,
faites frire et gonfler les
samosas, 2 à 3 minutes de
chaque côté. Égouttez-les
sur du papier absorbant.
Servez avec la sauce à la
menthe.
4. Préparation de la sauce
à la menthe : mélangez le
yaourt, le babeurre la
menthe et le cumin, remuer
pour bien lier la sauce.

Huîtres en beignets

Temps de préparation :
  35 minutes +
  30 minutes au repos
Temps de cuisson :
  10 à 15 minutes
Pour 24 huîtres

Pâte à frire
1/2 tasse de farine complète
1/3 de tasse de fécule de maïs
1/3 de tasse de farine de riz
1 cuil. à soupe de levure
1 cuil. à café de sel
1 tasse 1/2 d'eau froide
2 cuil. à soupe d'huile

24 huîtres grasses
1 cuil. à café de sel
1 cuil. à soupe de fécule de
  maïs
2 cuil. à café d'huile
3 cm de gingembre, pelé et râpé

3 oignons nouveaux, finement
  hachés
2 cuil. à café de vin chinois
1/4 de cuil. à café de poivre
  blanc
Huile de friture

Sauce d'accompagnement
2 cuil. à soupe de sauce soja
2 cuil. à café de sauce
  Worcestershire
1/2 cuil. à café d'huile de
  sésame

1. Préparation de la pâte à
frire : tamisez les farines, la
levure et le sel au-dessus
d'un grand saladier. Faites
une fontaine au centre et
incorporez tour à tour, en
remuant, l'eau et l'huile
jusqu'à obtention d'une
pâte épaisse. Laissez épaissir
30 minutes.
2. Mettez les huîtres, le sel
et la farine dans un saladier,
mélangez bien. Rincez les
huîtres sous un jet d'eau
froide. Plongez-les dans
l'eau bouillante
30 secondes, égouttez-les.
3. Mettez l'huile à chauffer
dans une poêle ; ajoutez le
gingembre et les oignons de
printemps, faites cuire
1 minute à feu moyen.
Poivrez et versez le vin.
Transférez dans un saladier.
Ajoutez les huîtres et
remuez pour bien mélanger.
Remuez bien la pâte à frire.
Mettez 4 à 5 cm d'huile à
chauffer dans une grande
casserole. À l'aide de
2 cuil., plongez les huîtres
dans la pâte à frire, sans
trop les charger. Faites-les

Samosas sauce à la menthe (en haut) et huîtres en beignets.

frire 2 à 3 minutes, par fournées, jusqu'à ce qu'elles soient dorées et soufflées. Égouttez-les bien sur du papier absorbant et servez aussitôt avec la sauce.

4. Préparation de la sauce d'accompagnement : mélangez la sauce worcestershire, la sauce soja, l'huile et remuez.

Note : saler les huîtres et les mélanger avec la fécule de maïs permet de les faire dégorger du sable et de toutes les impuretés qu'elles contiennent ; il suffit ensuite de les passer sous l'eau froide.

19

Pakoras de légumes

Temps de préparation :
15 minutes
Temps de cuisson :
20 minutes
Pour 4 personnes

1 tasse de farine de besan
  (farine de pois chiche)
1/2 cuil. à café de coriandre
  moulue
1/2 cuil. à café de safran moulu
1/2 cuil. à café de poudre de
  piment
1/2 cuil. à café de garam
  masala
1 cuil. à café de sel
1 à 2 gousses d'ail
3/4 de tasse d'eau
1/2 chou-fleur, en bouquets
2 oignons, émincés en anneaux
Huile pour friture

1. Tamisez la farine au dessus d'un bol ; ajoutez la coriandre, le safran, la poudre de piment, le garam masala, le sel et l'ail.
2. Faites une fontaine et versez progressivement l'eau, jusqu'à obtention d'une pâte épaisse et onctueuse.
3. Enrobez les légumes de pâte. Mettez 3 à 4 cm d'huile à chauffer dans une poêle profonde et faites frire le chou-fleur et les oignons, 4 à 5 minutes, par fournées, jusqu'à ce qu'ils dorent. Égouttez-les sur du papier absorbant. Servez avec de la sauce à la menthe, si vous le souhaitez.

Note : les petits oignons grelots sont idéals pour faire des pakoras. Vous pouvez également utiliser de fines rondelles d'aubergines ou de pommes de terre, ou encore des bouquets de brocoli.

Crêpes de riz aux crevettes

Temps de préparation :
35 minutes
Temps de cuisson :
5 à 10 minutes
Pour 12 crêpes

15 à 20 crêpes de riz
350 g de chair de crevettes crue
4 cm de gingembre frais, râpé
2 gousses d'ail, écrasées
3 oignons nouveaux, finement
  hachés
1 cuil. à soupe de farine de riz
1 blanc d'œuf, battu
2 cuil. à café d'huile de sésame
Sel et poivre, à volonté
2 cuil. à soupe de fécule de maïs
6 cuil. à café d'eau
Huile pour friture
2 cuil. à soupe de graines de
  sésame, grillées

1. Placez 4 crêpes de riz sur votre plan de travail. Badigeonnez-les généreusement d'eau pour les humidifier ; laissez reposer 2 minutes, jusqu'à ce qu'elles soient tendres et souples. Transférez-les délicatement dans un plat (à ce stade, vous pouvez les empiler l'une sur l'autre). Recouvrez-les d'un film plastique ; répétez l'opération avec les autres crêpes.
2. Hachez finement la chair des crevettes ; mélangez-les avec le gingembre, l'ail, les oignons nouveaux, la farine de riz, le blanc d'œuf, l'huile de sésame, le sel et le poivre. Liez intimement le tout du bout des doigts. Mélangez la fécule de maïs à l'eau. Préparez une crêpe à la fois, en déposant, légèrement décentrée, 1 cuil. à soupe du mélange aux crevettes. Roulez la crêpe pour enfermer la garniture en pressant légèrement pour l'aplatir. Brossez les bords du mélange de farine et repliez les extrémités de la crêpe pour former une poche. Déposez les bouchées sur une double épaisseur de papier absorbant et répétez l'opération avec les crêpes et la garniture restantes.
3. Mettez 2 à 3 cm d'huile à chauffer dans une poêle profonde, déposez quelques crêpes et faites-les frire 4 à 5 minutes, jusqu'à ce qu'elles soient dorées. Égouttez-les sur du papier absorbant et répétez l'opération. Saupoudrez de graines de sésame. Servez avec une sauce aux prunes, si vous le souhaitez.

*Crêpes de riz aux crevettes (en haut)
et pakoras de légumes.*

Bouchées

Ces petites bouchées de viande hachée, de fruits de mer ou de légumes, sont enveloppées de galettes won ton transparentes ; elles se consomment cuites à la vapeur ou en friture. Les préparations suivantes valent pour environ 30 bouchées.

Bouchées au porc

Dans un saladier, mettez 250 g de porc haché, 125 g de chair de crevettes crue hachée, 1/4 de tasse de pousses de bambous hachées, 3 oignons de printemps finement hachés, 3 champignons hachés, 1 branche de céleri hachée, la moitié d'un poivron haché, 1 cuil. à soupe de xérès sec, 1 cuil. à soupe de sauce soja, 1 cuil. à café d'huile de sésame et 1/2 cuil. à café de piment haché. Mélangez bien. Déposez 1 cuil. à café de cette garniture au centre de la galette. Badigeonnez les bords du won ton d'un peu d'eau. Repliez la galette de façon à former un triangle, les pointes dépassant légèrement. Soudez-les et rapprochez les pointes pour former une poche. Pincez-les fermement. (Alternez la présentation des bouchées : fermées en poches, légèrement ouvertes en paniers). Mettez les bouchées à frire 4 à 5 minutes dans l'huile bouillante, ou faites-les cuire à la vapeur 25 à 30 minutes, dans un panier-vapeur métallique ou en bambou. Servez avec une sauce d'accompagnement.

En bas, de gauche à droite : bouchées au porc, aux crevettes, au porc et au tofu, au crabe et au poulet.

GARNITURES VARIÉES

Bouchées aux crevettes

Mixez au robot ménager, jusqu'à obtention d'une consistance onctueuse, 500 g de chair de crevettes crue, 125 g de porc haché, 4 oignons nouveaux hachés, 60 g de champignons, 1/4 tasse de châtaignes d'eau hachées, 1 cuil. à soupe de xérès sec, 1 cuil. à soupe de sauce soja, 1 blanc d'œuf et 1 cuil. à café d'huile de sésame. Formez les bouchées comme indiqué ci-dessus.

Bouchées au porc et au tofu

Faites revenir 250 g de porc haché dans un peu d'huile, jusqu'à ce qu'il dore. Ajoutez 2 tasses de chou chinois finement déchiqueté, 1 tasse de germes de soja, 4 oignons de printemps finement émincés et 1 carotte râpée. Mettez sur le feu et remuez, jusqu'à ce que le chou soit cuit. Ajoutez 60 g de tofu haché, 2 gousses d'ail écrasées, 2 cuil.s à café de gingembre frais râpé, 2 cuil.à soupe de xérès sec, 1 cuil. à soupe de sauce soja et 1 cuil. à café d'huile de sésame. Mélangez bien, laissez refroidir et formez les bouchées comme indiqué plus haut.

Bouchées au crabe

Dans un saladier, mélangez 200 g de miettes de crabe, 125 g de chair de crevette crue, 4 oignons de printemps finement hachés, 3 champignons réhydratés et hachés, 1/4 tasse de germes de soja finement hachés, 1 cuil. à soupe de sauce teriyaki, 2 gousses d'ail écrasées et 2 cuil. à café de gingembre frais râpé. Formez les bouchées comme indiqué plus haut.

Bouchées au poulet

Dans un saladier, mélangez 375 g de poulet haché, 90 g de jambon finement émincé, 4 oignons de printemps hachés, 1 branche de céleri finement hachée, 1/4 de tasse de pousses de bambous hachées, 1 cuil. à soupe de sauce soja, 1 gousse d'ail écrasée et 1 cuil. à café de gingembre frais râpé. Formez les bouchées comme indiqué plus haut.

Gâteaux thaï au poisson

Temps de préparation :
15 minutes
Temps de cuisson :
15 minutes
Pour 24 gâteaux environ

250 g de filets de poisson, sans arêtes, hachés
4 oignons de printemps, hachés
2 gousses d'ail, écrasées
2 cuil. à soupe de coriandre fraîche hachée
1 œuf
1 cuil. à soupe de sauce au poisson Thaï
2 cuil. à café de sauce au piment
1 cuil. à café de sauce soja
1/2 cuil. à café de zeste de citron finement râpé
1 cuil. à soupe de jus de citron
1/2 cuil. à café de piment haché
1/2 tasse de farine de riz
Huile pour petite friture

1. Dans un robot ménager, mixez 1 mn, jusqu'à obtention d'un fin hachis, le poisson, les oignons, l'ail, la coriandre, l'œuf, les sauces, le zeste et le jus de citron, le piment et la farine de riz.
2. Avec les doigts huilés, formez des petits pâtés. Mettez 1 à 2 cm d'huile à chauffer dans une poêle, et faites cuire 2 à 3 mn de chaque côté les petits pâtés, à feu moyen, jusqu'à ce qu'ils soient dorés. Égouttez-les bien et servez-les avec une sauce au piment doux, si vous le souhaitez.

Note : saupoudrez légèrement les pâtés de fécule de maïs, avant de les mettre à frire pour obtenir une texture plus croustillante.

Côtelettes de porc au piment et aux haricots noirs

Temps de préparation :
20 minutes + 1 h au repos
Temps de cuisson :
30 minutes
Pour 4 à 6 personnes

1 cuil. à soupe de haricots noirs
1 cuil. à café d'huile
1 cuil. à soupe de gingembre
1 à 2 gousses d'ail, écrasées
1 à 2 cuil. à café de piments frais hachés
2 cuil. à soupe de vin chinois ou de xérès
2 cuil. à café de sauce soja
2 cuil. à café de sucre en poudre
500 g de côtelettes de porc, coupées en petits morceaux

1. Mettez les haricots noirs à tremper, 10 mn, dans 2 cuil. à soupe d'eau ; rincez-les.
2. Faites chauffer l'huile dans une poêle, ajoutez le gingembre, l'ail et le piment. Faites revenir 1 mn, à feu moyen. Incorporez les haricots noirs, le vin, la sauce soja et le sucre ; laisser cuire 1 mn de plus, en remuant sans arrêt. Versez la sauce sur les côtelettes, en secouant pour bien les napper. Couvrez et mettez

1 heure au réfrigérateur.
3. Chemisez le fond d'un panier vapeur, en bambou ou en métal, de papier sulfurisé. Déposez-y les côtelettes, bien espacées. (Faites-les cuire par fournées, si nécessaire). Placez le panier-vapeur au dessus d'une casserole d'eau frémissante, couvrez et laissez cuire le porc 30 mn, jusqu'à ce qu'il soit ferme au toucher et bien cuit. Servez avec une sauce au piment, si vous le souhaitez.

Beignets de crevettes

Temps de préparation :
20 minutes +
30 minutes au repos
Temps de cuisson :
10 à 15 minutes
Pour 4 à 6 personnes

1 kg de crevettes royales crues
1/3 de tasse de farine
1/4 de cuil. à café de poudre aux 5 épices
1 œuf, légèrement battu
2 cuil. à soupe de lait
1 tasse de chapelure
Huile pour friture

1. Décortiquez et déveinez les crevettes, en laissant la queue intacte. Faites une profonde entaille le long du dos de chaque crevette, en faisant attention à ne pas les transpercer. Aplatissez les crevettes, avec la paume de la main.

Haut : côtelettes de porc au piment et aux haricots noirs, gâteaux thaï au poisson et beignets de crevettes.

2. Mélangez la farine et la poudre aux 5 épices ; enrobez-en les crevettes, sans trop les charger. Plongez-les dans l'œuf mélangé au lait, puis dans la chapelure. Disposez-les en une seule couche sur une plaque, et laissez refroidir au moins 30 mn.
3. Mettez 4 à 5 cm d'huile à chauffer dans une poêle ; ajoutez les crevettes et faites-les frire 2 à 3 mn de chaque côté, jusqu'à ce qu'elles soient dorées et croustillantes. Égouttez-les bien sur du papier absorbant. Servez avec des sauces à brochettes, aigre-douce, soja ou piment.

Beignets de canard, sauce citron

Temps de préparation :
40 minutes
Temps de cuisson :
60 minutes
Pour 10 personnes

1 canard de 1,3 kg
2 cuil. à soupe de sauce soja
1 cuil. à soupe d'huile de sésame
3 cm de gingembre
3 oignons de printemps, grossièrement hachés
Huile pour friture

Sauce citron

1/4 de tasse de jus de citron
1/4 de tasse d'eau
1 cuil. à café de fécule de maïs
2 cuil. à café de sucre en poudre
1 cuil. à café de vinaigre
1/4 cuil. à café de sel
2 à 3 gouttes de colorant alimentaire jaune

Pâte à frire

1 œuf, légèrement battu
1 cuil. 1/2 à soupe de fécule de maïs
1 cuil. à soupe d'eau
2 cuil. à café de sauce soja
1/2 cuil. à café de bicarbonate de soude
Sel et poivre, à volonté

1. Découpez le canard en 4 morceaux ; enlevez la peau du cou et l'excès de gras des cuisses. Mélangez la sauce soja et l'huile de sésame, badigeonnez-en légèrement le canard. Posez le canard dans un panier vapeur en bambou. Portez une casserole d'eau à ébullition, baissez le feu, laissez frémir ; ajoutez le morceau de gingembre et les oignons de printemps. Placez le panier vapeur au dessus de l'eau ; couvrez et laissez cuire 30 mn, jusqu'à cuisson du canard. Laissez refroidir. (Réservez l'eau pour le bouillon, si vous le souhaitez. Voir note).

2. Préparation de la sauce citron : dans une casserole, mettez le jus de citron, l'eau, la fécule de maïs, le sucre, le vinaigre et le sel ; mélangez pour obtenir une consistance onctueuse. Laissez à feu moyen, en remuant sans arrêt, jusqu'à ce que la sauce boue et épaississe. Faites bouillir 1 mn de plus ; versez le colorant alimentaire et transférez dans un petit bol de service. Recouvrez la sauce d'un film plastique et réservez.

3. Avec un hachoir ou un grand couteau pointu, détachez les ailes et les cuisses du canard. Découpez le reste du canard en morceaux de 2 cm de long, les os compris. Détachez la chair des cuisses et des ailes, et hachez-la en petits morceaux réguliers ; jetez les os des ailes.

4. Dans un saladier, mélangez l'œuf, la fécule de maïs, l'eau, la sauce soja, le bicarbonate, le sel et le poivre ; battez avec une cuil. en bois jusqu'à obtention d'une pâte onctueuse. Mettez 4 à 5 cm d'huile à chauffer dans une poêle. Plongez les morceaux de canard dans la pâte à frire, sans trop les charger, et posez-les dans la poêle. Faites frire 2 mn, à feu vif, jusqu'à ce que les beignets soient croquants et dorés. (Faites frire les beignets par fournées, si nécessaire, et ne surchargez pas trop la poêle, car la viande cuirait à l'étouffée, sans frire). Égouttez les beignets sur du papier absorbant et servez-les aussitôt avec la sauce citron. Décorez de bananes grillées, ou de fines rondelles de citron, et d'oignons émincés.

Note : le gingembre et l'oignon de printemps apportent un parfum agréable à l'eau frémissante au-dessus de laquelle cuit le canard et donne un bouillon léger que vous pourrez utiliser pour vos soupes. Si vous préférez ne pas consommer les ailes, mettez-les dans l'eau, avec le gingembre et les oignons ; elles enrichiront la saveur du bouillon. Vous pouvez faire cuire votre canard à la vapeur, un jour à l'avance si nécessaire.

Beignets de canard, sauce citron.

1. Retournez délicatement la crêpe avec une spatule, et faites cuire de l'autre côté.

2. Ajoutez les germes de soja et le concombre à la garniture.

Nems aux crevettes

Temps de préparation :
45 minutes
Temps de cuisson :
35 minutes
Pour 12 nems

1 tasse 1/2 de farine complète
2 tasses 1/2 d'eau
2 œufs, battus
Sel et poivre, à volonté
3 cuil. à soupe d'huile

Garniture
1 cuil. à soupe d'huile +2
3 cm de gingembre frais, râpé
1 grosse carotte, râpée
1 branche de céleri, hachée
150 g de chair de crevette crue, finement hachée
1 tasse de germes de soja
1/4 de tasse de concombre finement haché
2 cuil. à soupe de xérès
1 cuil. à soupe de sauce soja
2 cuil. à café d'huile de sésame

2 cuil. à café de fécule de maïs
2 œufs, battus
1/4 de tasse d'eau

1. Tamisez la farine au dessus d'un saladier ; creusez une fontaine au centre. Ajoutez l'eau et les œufs et battez jusqu'à obtention d'une pâte à frire onctueuse. Salez et poivrez. Dans une petite poêle à frire anti-adhésive, faites chauffer 1/2 cuil. à café d'huile ; mettez-y 2 cuil. à soupe de pâte à frire et étalez-la jusqu'à ce qu'elle commence à prendre. Laissez cuire 30 secondes, retournez la crêpe et faites cuire 10 secondes. Sortez la crêpe de la poêle et répétez l'opération avec le reste de pâte.
2. Préparation de la garniture : mettez l'huile à chauffer dans une poêle ; ajoutez le gingembre, la carotte et le céleri, laissez cuire 2 mn, à feu vif.

Incorporez la chair de crevette ; laissez cuire 1 mn, jusqu'à ce que la chair vire au rose. Mettez les germes de soja et le concombre ; sortez du feu. Mélangez en une pâte onctueuse le xérès, la sauce soja, l'huile et la fécule. Incorporez-la au mélange de crevettes, remettez sur le feu et portez à ébullition. Sortez du feu, laissez refroidir.
3. Déposez au centre de la crêpe 1 cuil. à soupe de la garniture, sur toute la longueur. Repliez-la pour enfermer la garniture, et roulez-la, en rentrant les bords, de façon à former des petits rouleaux aplatis, réguliers.
4. Dans un plat peu profond, mélangez l'œuf, l'eau et la fécule de maïs ; badigeonnez-en les rouleaux. Mettez l'huile à chauffer dans une poêle à frire ; ajoutez les nems et faites les frire 2 mn de chaque côté, jusqu'à ce qu'ils soient dorés. Servez aussitôt.

Nems aux crevettes

3. Étalez la garniture sur toute la longueur, au centre de chaque crêpe, et repliez.

4. Faites dorer les nems 2 minutes de chaque côté, jusqu'à ce qu'ils soient dorés.

Feuilletés thaï

Temps de préparation :
15 minutes
Temps de cuisson :
20 minutes
Pour 36 feuilletés

2 cuil. à soupe d'huile
4 oignons de printemps, hachés
1 oignon, haché
1 gousse d'ail, écrasée
250 g de porc ou de poulet
*   haché*
1 cuil. à soupe de farine thaï
*   (voir note)*
1 tasse de pommes de terre
*   écrasées*
4 rouleaux de pâte feuilletée
Huile pour friture

1. Faites chauffer l'huile dans une poêle à frire. Ajoutez les oignons de printemps, l'oignon et l'ail, et laissez cuire 2 à 3 minutes, jusqu'à ce que les oignons fondent. Incorporez la viande hachée et faites dorer 4 à 5 minutes, en détachant bien la viande avec une cuil.. Ajoutez la farine et les pommes de terre écrasées ; laissez cuire 1 minute. Sortez du feu et laissez refroidir.
2. Découpez chaque feuille de pâte en 9 carrés égaux. Déposez 1 cuil. à café de la préparation au centre de chaque carré de pâte. Repliez la pâte de façon à former un triangle. Fermez

en pinçant les bords avec une fourchette.
3. Faites chauffer 2 à 3 cm d'huile dans une grande poêle à frire ; ajoutez les feuilletés, par fournées, et faites frire 2 minutes de chaque côté, jusqu'à ce qu'ils soient dorés et soufflés. Égouttez-les sur du papier absorbant. Servez de préférence avec une sauce au piment doux.

Note : si vous ne trouvez pas de farine thaï, ajoutez de la citronnelle haché, de la coriandre, du piment et une goutte de sauce nuoc-mâm à la garniture.

Beignets de légumes

Temps de préparation :
20 minutes
Temps de cuisson :
10 à 15 minutes
Pour 24 beignets environ

1/2 tasse de farine avec levure
*   incorporée*
1/4 de tasse de farine de
*   pois chiches*
1 cuil. à soupe de coriandre
*   fraîche hachée*
1 cuil. à café de piment en
*   poudre*
1/2 cuil. à café de garam
*   masala*
1/4 cuil. à café de cumin moulu
1/4 cuil. à café de curry

1 gousse d'ail, écrasée
1/2 tasse d'eau
130 g de maïs en boîte
1 pomme de terre, épluchée et
*   finement hachée*
1 courgette, finement hachée
1 carotte, finement hachée
1/2 tasse de chou-fleur haché
Huile pour petite friture

1. Tamisez les farines au dessus d'un grand saladier. Ajoutez la coriandre, le piment, le garam masala, le cumin, le curry en poudre et l'ail. Creusez une fontaine au centre de la farine. Incorporez progressivement l'eau, en battant bien jusqu'à obtention d'une pâte onctueuse.
2. Ajoutez le maïs, la pomme de terre, la courgette, la carotte et le chou-fleur dans la pâte à frire. Mélangez bien, assaisonnez à volonté.
3. Faites chauffer 1 à 2 cm d'huile dans une poêle à frire. Déposez des cuil. à soupe de la préparation dans l'huile, et faites frire 2 à 3 minutes de chaque côté, par fournées, jusqu'à ce que les beignets soient dorés et soufflés. Égouttez-les sur du papier absorbant. Servez avec une sauce au piment, si vous le souhaitez.

Note : La farine de pois-chiches est disponible dans les magasins diététiques. Si vous n'en trouvez pas, utilisez de la farine avec levure incorporée.

Feuilletés thaï (en haut) et
beignets de légumes.

Boulettes de bœuf à la saucisse épicée

Temps de préparation :
35 minutes
Temps de cuisson :
30 minutes
Pour 30 boulettes environ

6 champignons de paille,
   déshydratés
1 tasse d'eau chaude
250 g de bœuf haché
30 g de lard, finement haché
2 saucisses chinoises, finement
   hachées
2 gousses d'ail hachées
3 oignons de printemps,
   finement hachés
1 cuil. à café de châtaignes
   d'eau émiettées
3 cuil. à café d'huile de sésame
2 cuil. à café de sauce soja
2 cuil. à café de vin chinois ou
   de xérès
1 cuil. à café de fécule de maïs

1. Faites tremper les champignons 10 mn dans de l'eau chaude. Égouttez-les et hachez-les finement en retirant les pieds durs.
2. Sur une planche à découper, hachez finement la viande de bœuf, au hachoir ou avec un grand couteau. Mettez-la dans un saladier avec le lard, la saucisse, l'ail, les oignons nouveaux et les châtaignes d'eau.
3. Mélangez intimement l'huile de sésame, la sauce

soja, le vin et la fécule de maïs. Versez dans la préparation au bœuf, mélangez bien et pétrissez à la main. Formez des boulettes.
4. Chemisez le fond d'un panier-vapeur en bambou ou métallique, de papier sulfurisé. Déposez-y les boulettes de bœuf en les espaçant bien. (Si nécessaire, cuisez-les par fournées.) Couvrez le panier et faites cuire 10 mn, au-dessus d'une casserole d'eau frémissante ; les boulettes doivent être fermes au toucher et bien cuites à l'intérieur. Servez-les sans attendre, avec une sauce au piment ou de l'huile de sésame.

Note : les boulettes peuvent aussi être frites. Mettez 2 tasses d'huile à chauffer, dans un wok ou une casserole. Faites frire 4 à 5 boulettes à la fois, à feu moyen, 5 à 6 mn, en les retournant de temps en temps, jusqu'à ce qu'elles soient dorées.
Sortez-les avec une écumoire et séchez-les sur du papier absorbant. Pour une friture bien croustillante, roulez-les dans la fécule de maïs avant de les faire frire. Plus vous hacherez finement la viande plus la texture des boulettes sera fine.

Champignons grillés aux graines de sésame

Temps de préparation :
15 minutes
Temps de cuisson :
10 minutes
Pour 4 à 6 personnes

1 cuil. à soupe de graines de
   sésame
400 g de champignons moyens,
   plats ou de champignons
   shiitake
2 cuil. à soupe de sauce teriyaki
2 cuil. à soupe de xérès sec ou
   de mirin (vin doux japonais)
1 cuil. à soupe de sucre
1 cuil. à soupe de ciboulette
   finement hachée
1 cuil. à café d'huile de sésame
10 tiges de ciboulette, coupées
   en morceaux de 2 cm

1. Préchauffez le four modérément à 180° C. Chemisez la plaque du gril avec une feuille d'aluminium. Saupoudrez de graines de sésame et faites-les griller 10 mn, jusqu'à ce qu'elle soient dorées.
2. Essuyez les champignons avec un torchon humide et enlevez les queues. Posez les champignons dans un plat peu profond. Mélangez la sauce teriyaki, le xérès, le sucre, les tiges de ciboulette et l'huile de sésame. Versez sur les champignons et laissez

Champignons grillés aux graines de sésame (en haut) et boulettes de bœuf à la saucisse épicée.

reposer 5 mn.
3. Disposez les champignons sur la plaque, enduisez-les de la moitié de la marinade et faites-les cuire 5 mn, sous le gril préchauffé. Retournez les champignons, enduisez-les du reste de marinade et laissez-les griller 5 mn de plus. Saupoudrez les champignons des graines de sésame grillées et de ciboulette hachée avant de servir.

33

Tempura

L es tempura concrétisent le goût des japonais pour la simplicité et la fraîcheur des ingrédients – petites bouchées de poisson ou de légumes, enveloppées d'un voile de pâte frite, légèrement croustillantes.

Tempura de crevettes

Temps de préparation :
20 minutes
Temps de cuisson :
15 minutes
Pour 4 personnes

8 crevettes royales crues
Farine complète
Huile pour friture
Wasabi (voir glossaire)

Pâte à frire

1 tasse d'eau glacée
1 jaune d'œuf
1 tasse de farine, tamisée

Sauce d'accompagnement

1/4 de tasse de sauce soja
2 cuil. à soupe de jus de citron
2 cuil. à soupe de mirin (vin doux japonais)
1 cuil. à soupe de saké (vin de riz japonais)

1. Décortiquez les crevettes, en laissant les queues intactes. Déveinez-les. Avec un couteau pointu, incisez le ventre de la crevette pour éviter qu'elle se recroqueville. Appuyez doucement sur les crevettes pour les faire tenir droites.

2. Préparation de la pâte à frire : battez l'eau et le jaune d'œuf. Saupoudrez de farine et mélangez, sans insister, à l'aide d'une fourchette ou d'une baguette. (La préparation doit rester grumeleuse).

3. Roulez les crevettes dans la farine, sans trop les charger. Plongez-les dans la pâte à frire (en laissant les grumeaux de côté) et égouttez-les. Faites frire les crevettes dans l'huile chaude, jusqu'à ce qu'elles dorent et croustillent. Séchez-les sur du papier absorbant.

4. Préparation de la sauce : mélangez dans un bol la sauce soja, le jus de citron, le mirin et le saké. Servez avec la sauce d'accompagnement et la wasabi.

Tempura de pommes de terre, de potiron et d'oignon

Émincez la pomme de terre et le potiron. Coupez l'oignon en deux et séparez les anneaux. Roulez les légumes dans la farine, sans trop les charger. Plongez-les dans la pâte à tempura, en laissant la pâte s'égoutter. Faites frire par fournées, dans l'huile , jusqu'à ce que les légumes soient tendres et croquants, en les retournant pendant la cuisson. Égouttez-les.

Bouquets de légumes

Découpez les carottes, les haricots, les courgettes et les oignons en lanières de 5 cm de long. Arrangez-les en bouquets de 5 à 6 morceaux par assiette. Saupoudrez légèrement les bouquets de farine. Saisissez les bouquets avec des pinces ou des baguettes. Enlevez la surcharge de farine en les secouant. Plongez-les dans la pâte tempura. Déposez ensuite, chaque bouquet dans l'huile chaude. Faites-les frire, en les retournant, jusqu'à ce qu'ils dorent. Égouttez-les.

Tempura de fruits de mer

Découpez des filets de poisson, sans arêtes, en fines lanières ou en petits dés. Découpez les calamars en anneaux ou en fines lanières. Roulez les morceaux dans la farine, en les secouant pour enlever la surcharge de farine. Faites-les frire, quelques morceaux à chaque fois, jusqu'à ce qu'ils soient croquants, dorés et bien cuits (environ 2 mn pour le poisson et 1 mn pour les calamars).

Trucs et astuces

• La meilleure tempura est faite d'une pâte fine et croquante.

• Préparez la pâte juste avant utilisation, car elle risque de coller si vous la laissez de côté trop longtemps.

• Trop battre la pâte peut la faire épaissir. *La pâte doit être grumeleuse.* En la remuant de temps en temps, vous éviterez à la pâte de se défaire.

• La tempura ne doit surtout pas être grasse – l'huile doit en permanence être maintenue à haute température.

• Testez la température de l'huile en y jetant une goutte de pâte. Si l'huile se met aussitôt à grésiller, cela signifie qu'elle est à bonne température.

À partir de la gauche :
tempura de crevettes,
de pomme de terre,
de potiron et d'oignon,
bouquets de légumes,
tempura de fruits de mer.

Boulettes de poisson aux 5 épices

Temps de préparation :
  20 minutes +
  30 minutes au réfrigérateur
Temps de cuisson :
  20 minutes
Pour 20 boulettes environ

200 g de poisson sans arêtes
100 g de chair de crevette crue
2 oignons de printemps, hachés
2 cuil. à café d'huile de sésame
1/4 cuil. à café de poudre
  aux 5 épices
Sel et poivre, à volonté
Huile pour petite friture

1. Mixez finement le poisson et la chair de crevette au robot ménager. Mettez-les dans un saladier ; ajoutez les oignons de printemps, l'huile de sésame, les 5 épices, le sel et le poivre.
2. Malaxez le tout à la main, pour bien mélanger les ingrédients. Mettez 30 mn au réfrigérateur.
3. Formez des boulettes avec la préparation. Mettez 1 à 2 cm d'huile à chauffer dans un wok ou une poêle à frire. Faites frire les boulettes par fournées, à feu moyen, jusqu'à ce qu'elles soient bien dorées. Égouttez-les sur du papier absorbant. Servez de préférence avec une sauce au piment et de l'huile de sésame.

Note : vous pouvez rouler légèrement les boulettes dans la farine avant de les faire frire, pour les rendre plus croustillantes et soufflées. Si vous préférez, émincez le poisson et les crevettes au hachoir - vous obtiendrez un hachis plus léger.

Roulés vietnamiens à la laitue

Temps de préparation :
  20 minutes +
  45 minutes au repos
Temps de cuisson :
  environ 30 minutes
Pour 10 personnes

1 tasse de farine de riz
2 cuil. à café de fécule de maïs
1/2 cuil. à café de curry
1/2 cuil. à café de safran
1 tasse de lait de noix de coco
1/2 tasse d'eau
1/4 de tasse de crème de noix
  de coco
2 cuil. à café d'huile
150 g de côtelettes de porc,
  désossées et finement émincées
150 g de chair de crevette crue
4 oignons de printemps, hachés
150 g de germes de soja
10 grandes feuilles de laitue
1 tasse de feuilles de menthe
  fraîche

Sauce d'accompagnement
2 cuil. à soupe de sauce
  nuoc-mâm
2 cuil. à soupe de jus de citron
1 à 2 cuil. à café de piment frais
1/2 cuil. à café de sucre

1. Mettez la farine, la fécule, le curry, le safran, le lait de noix de coco, l'eau et la crème de noix de coco dans un robot ménager. Mixez 30 secondes, jusqu'à obtention d'un mélange onctueux. Couvrez et réservez 45 mn, le temps que la pâte épaississe.
2. Dans une grande poêle à frire, mettez 1 cuil. à café d'huile à chauffer ; ajoutez quelques morceaux de porc et faites-les cuire 1 à 2 mn, à feu moyen-vif, jusqu'à ce qu'ils dorent. Répétez l'opération avec le reste de porc ; réservez.
3. Remuez bien la pâte. Mettez le reste d'huile à chauffer et versez 2 cuil. à soupe de pâte dans la poêle, en l'étalant pour former une crêpe ronde. Faites cuire 30 secondes, jusqu'à ce que la crêpe commence à croustiller. Déposez au centre 2 morceaux de porc, 1 cuil. à soupe de chair de crevette, 1 cuil. à soupe d'oignons et 1 cuil. à soupe de germes de soja. Couvrez la poêle et laissez cuire 1 à 2 mn, jusqu'à ce que la crevette vire au rose et que les légumes soient tendres. (Le fond de la crêpe doit être très craquant, le dessus tendre et ferme). Posez la crêpe sur un plateau. Répétez l'opération avec le reste des ingrédients.
4. Déposez chaque crêpe cuite dans une feuille de laitue, posez 2 feuilles de menthe. Pliez la feuille de

Roulés vietnamiens à la laitue (en haut) et boulettes de poisson aux 5 épices.

façon à former une poche.
Servez avec la sauce
d'accompagnement.
**5. Préparation de la
sauce :** sans un saladier,
mélangez la sauce nuoc-
mâm, le jus de citron, le

piment et le sucre ; fouettez
pour bien lier la sauce.

Note : Vous pouvez
préparer la pâte à crêpe
1 jour à l'avance ; ajoutez
2 cuil. à soupe d'eau si elle

a trop épaissi au repos.
Vous pouvez préparer des
crêpes plus grandes ; il
suffira de les découper en
quartiers ou de les plier et
de les tailler, si vous le
souhaitez.

1. Incorporez lentement la préparation à l'œuf, en remuant pour obtenir une pâte onctueuse.

2. Détachez les cuisses du canard avec un grand couteau pointu.

Roulés de canard de Pékin

Temps de préparation :
  30 minutes
Temps de cuisson :
  20 minutes
Pour 15 roulés environ

3/4 de tasse de farine
1/3 de tasse de fécule de maïs
2 œufs
3/4 de tasse d'eau
1/4 de tasse de lait
2 cuil. à café de sucre en
  poudre
1 cuil. à soupe d'huile
1/2 gros canard de Pékin rôti
1/4 de tasse de sauce hoisin
1 cuil. à soupe de vin chinois
6 oignons de printemps, en
  julienne

1. Dans un grand saladier, mélangez la farine et la fécule de maïs. Dans un saladier à part, battez les œufs avec l'eau, le lait et le sucre. Creusez une fontaine au centre de la farine et incorporez progressivement la préparation à l'œuf, en remuant sans arrêt avec une cuil. en bois, jusqu'à obtention d'une pâte onctueuse.
2. Mettez l'huile à chauffer dans une poêle à frire et versez 2 cuil. à soupe de pâte. Étalez doucement la pâte pour former une crêpe ronde. Laissez cuire 2 minutes, à feu moyen, jusqu'à ce que le fond soit croustillant et doré. Retournez la crêpe et faites-la cuire 10 secondes à peine. Transférez la crêpe dans une assiette et mettez-la à four modéré, pour la garder chaud. Répétez l'opération avec le reste de pâte.
3. Avec un hachoir ou un grand couteau pointu, détachez les cuisses du canard. Découpez dans le reste du canard, et sur toute la longueur, des tranches de 2 cm ; jetez la carcasse. Enlevez la peau et désossez les cuisses, coupez la viande en tranches très fines et régulières.
4. Déposez des grosses cuil. à soupe de viande sur chaque crêpe ; arrosez de sauce hoisin et de vin et parsemez d'oignons nouveaux émincés. Roulez la crêpe et servez aussitôt.

L'ASTUCE
Vous trouverez des canards de Pékin chez les bouchers chinois. Quelques supermarchés ont des rayons où vous pourrez acheter des canards rôtis ; vous pouvez aussi utiliser du porc chinois grillé au barbecue.

Roulés de canard de Pékin

3. *Avec un couteau pointu, émincez la chair du canard en fines lanières.*

4. *Garnissez les crêpes de canard émincé, d'oignons et des sauces.*

Singara

Temps de préparation :
45 minutes +
30 minutes au repos
Temps de cuisson :
20 à 25 minutes
Pour 50 singara environ

1 cuil. à café de graines de cumin
1/2 cuil. à café de graines de moutarde noire
1/2 cuil. à café de graines de fenugrec
1/4 cuil. à café de graines de fenouil
1/2 cuil. à café de piment en poudre
1 cuil. à soupe d'huile
2 gousses d'ail, hachées
1 petit oignon, haché
2 pommes de terre moyennes (environ 350 g) épluchées, finement hachées
1/4 de tasse d'eau
1 cuil. à soupe de jus de citron
Sel et poivre à volonté
25 galettes pour rouleaux de printemps
Huile pour friture

1. Mélangez les graines de cumin, de moutarde, de fenugrec et de fenouil dans un moulin à épices, ou dans un mortier, au pilon. Broyez ou pilez grossièrement et incorporez le piment en poudre. Mettez l'huile à chauffer dans une grande poêle ;

ajoutez l'ail et les épices, faites cuire 2 mn, à petit feu, en remuant sans arrêt. Rajoutez l'oignon haché et la pomme de terre et laissez cuire 2 mn, en remuant sans arrêt. Versez l'eau, couvrez la poêle et laissez cuire 8 mn, jusqu'à ce que les pommes de terre soient tendres. Versez le jus de citron, salez et poivrez. Laissez reposer la préparation 30 mn, le temps qu'elle refroidisse.
2. Préparez une galette à la fois en gardant les autres couvertes ; coupez chaque galette en deux et humectez les bords. Déposez 2 cuil. à café de garniture à une extrémité, pas trop près du bord. Reliez l'autre extrémité de la galette sur la garniture pour former un sachet triangulaire. Scellez bien les bords, et déposez la galette sur une plaque de four. Répétez l'opération avec le reste de garniture et de galettes.
3. Mettez 4 à 5 cm d'huile à chauffer dans une poêle profonde, ajoutez les singara, par fournées, et faites-les cuire 2 à 3 mn, jusqu'à ce qu'ils soient dorés. Égouttez sur du papier absorbant. Servez avec un mélange frais de concombre finement haché et de yaourt entier, si vous le souhaitez.

Poulet Tandoori au yaourt à la menthe (en haut) et Singara au yaourt et au concombre.

Poulet Tandoori au yaourt à la menthe

Temps de préparation :
25 minutes +
toute une nuit au repos
Temps de cuisson :
45 minutes
Pour 4 à 6 personnes

1,5 kg de morceaux de poulet
Jus d'un demi-citron
1/2 cuil. à café de sel
1/4 de cuil. à café de graines de cardamome
2 cuil. à café de graines de cumin
1 cuil. à café de graines de fenouil
3 cuil. à café de gingembre frais râpé
3 gousses d'ail, écrasées
1 cuil. à café de piment
200 g de yaourt entier
1 cuil. à soupe de beurre, fondu

Yaourt à la menthe

200 g de yaourt entier
1 cuil. à soupe de menthe fraîche
1 cuil. à café de sucre
1/4 de cuil. à café de sel

1. Pelez les morceaux de poulet et, avec un couteau pointu, faites quelques petites incisions dans la chair. Enduisez la viande du mélange jus de citron et sel. Faites chauffer une petite poêle à frire ; ajoutez les graines de cardamome, de cumin et de fenouil, et faites frire 2 minutes, à feu vif, jusqu'à ce que les graines

exhalent leur parfum.
Transférez dans un grand
saladier et ajoutez le
gingembre, l'ail, le piment et
le yaourt. Remuez pour bien
mélanger ; ajoutez les
morceaux de poulet, couvrez

et laissez refroidir toute une
nuit.
2. Préchauffez le four à
210° C, et badigeonnez
légèrement la plaque du grill
d'huile. Posez le poulet sur la
plaque, enduisez-le de beurre

et laissez-le cuire 45 mn.
**3. Préparation du yaourt à
la menthe :** dans un
saladier, mettez le yaourt, la
menthe, le sucre et le sel ;
mélangez bien et servez avec
les morceaux de poulet.

Dim Sum de noix de Saint-Jacques

Temps de préparation :
10 minutes
Temps de cuisson :
10 minutes
Pour 4 à 6 personnes

24 noix de Saint-Jacques dans
leur coquille
2 cuil. à soupe de sauce teriyaki
1 cuil. à soupe de sauce soja
1 cuil. à soupe de xérès sec
2 oignons de printemps,
finement hachés
2 cuil. à café de jus de citron ou
de citron vert
2 cuil. à café de sauce d'huître
1 cuil. à café d'huile de sésame
1 gousse d'ail, écrasée
1/2 cuil. à café de gingembre
frais râpé

1. Préchauffez modérément le four à 180° C.
2. Déposez les noix de Saint-Jacques, dans leur coquille, sur la plaque du four. Dans un bol, mélangez les sauces teriyaki et soja, le xérès, les oignons, le jus de citron, la sauce d'huître, l'huile de sésame, l'ail et le gingembre ; remuez pour bien mélanger. Arrosez d'une cuil. à soupe de ce mélange chaque noix de Saint-Jacques.
3. Faites cuire les noix Saint-Jacques 5 à 10 minutes, jusqu'à ce qu'elles soient tendres et blanches.

(Vous pouvez aussi les faire cuire 5 minutes sous un grill préchauffé).

Dim Sims variées

Temps de préparation :
1 heure + 1 heure au
réfrigérateur
Temps de cuisson :
30 minutes
Pour 30 dim sims environ

6 champignons chinois
déshydratés
1 tasse d'eau chaude
200 g de porc haché
30 g de lard, finement haché
100 g de chair de crevette crue
1 branche de céleri, finement
hachée
2 oignons nouveaux, finement
hachés
1 cuil. à soupe de pousses de
bambou, finement hachées
3 cuil. à café de fécule de maïs
2 cuil. à café de sauce soja
1 cuil. à café de sucre en poudre
Sel et poivre, à volonté
30 won ton ou galettes aux œufs

1. Faites tremper les champignons 10 minutes dans de l'eau chaude, égouttez et hachez-les finement, en jetant les queues.
2. Dans un saladier, mettez les champignons, le porc haché, le lard, la chair de crevette, le céleri, les oignons nouveaux et les pousses de bambou.

Mélangez dans un autre bol, jusqu'à obtention d'une pâte onctueuse, la fécule de maïs, la sauce soja, le sucre, le sel et le poivre. Versez dans la préparation au porc. Couvrez et mettez 1 heure au réfrigérateur.
3. Préparez une galette à la fois, en gardant les autres couvertes. Déposez environ 1 cuil. à soupe de garniture au centre de chaque galette. Repliez les coins vers le centre et pincez-les pour fermer la galette. Vous pouvez aussi former une poche plate, en pressant délicatement la garniture pour en faire un tas bien ferme, et en la tapotant pour aplatir la base. Mettez les galettes sur la plaque du four.
4. Chemisez le fond d'un panier vapeur en bambou, ou en métal, avec un rond de papier sulfurisé. Disposez les dim sims sur le papier, en les espaçant (vous devrez peut-être les faire cuire par fournées). Couvrez le panier vapeur et laissez cuire 8 minutes, au dessus d'une casserole d'eau frémissante, jusqu'à ce que les galettes soient fermes et la garniture cuite. Servez aussitôt avec une sauce au piment ou soja.

Note : les Dim Sims peuvent aussi se faire frire. Enrobez-les de fécule de maïs pour une friture plus croustillante, puis faites-les frire 5 à 7 minutes, dans 2 tasses d'huile. Égouttez-les sur du papier absorbant.

Dim Sims variées (en haut)
et Dim Sum de noix de Saint-Jacques.

Côtes de porc aigres-douces

Temps de préparation :
15 minutes
Temps de cuisson :
1 heure +
toute une nuit au repos
Pour 6 à 8 personnes

150 ml de sauce aigre-douce
2 cuil. à café de piment haché
1 cuil. à café de fécule de maïs
2 cuil. à soupe de xérès sec
2 cuil. à soupe de sauce soja
1/4 cuil. à café de poudre aux 5
   épices
1/4 cuil. à café de gingembre
   râpé
6 gousses d'ail, écrasées
1,5 kg de côtes de porc,
   découpées en petits morceaux
1 cuil. à soupe de ciboulette
   hachée

1. Dans un saladier, mélangez la sauce aigre-douce, le piment, la fécule de maïs, le xérès, la sauce soja, la poudre aux 5 épices, le gingembre et l'ail ; ajoutez la viande et remuez bien, en veillant à ce que la viande soit bien enrobée de marinade.
2. Couvrez le saladier et mettez-le au réfrigérateur toute une nuit.
3. Préchauffez le four à 180° C. Badigeonnez la plaque du four d'huile. Disposez les morceaux de viande sur la plaque et faites-les cuire 1 heure, jusqu'à ce qu'ils soient dorés,

en les retournant au bout de 20 mn de cuisson. Servez chaud, décoré de ciboulette.

Ailes de poulet au citron et citron vert

Temps de préparation :
   20 minutes +
   toute une nuit au repos
Temps de cuisson :
   25 minutes
Pour 24 ailes

12 ailes de poulet
1 cuil. à café de zeste de citron
   vert râpé + jus
1 cuil. à café de zeste de citron
   râpé + jus
1 cuil. à café d'huile
1/2 cuil. à café de sambal oelek
2 gousses d'ail, écrasées
2 cuil. à soupe de coriandre
   fraîche, hachée
Sel, à volonté

1. Découpez les ailes du poulet en deux (jetez les pointes, si vous le souhaitez).
2. Dans un plat peu profond, non-oxydable, mélangez les zestes de citrons, les jus, l'huile, le sambal oelek, l'ail, la coriandre et le sel. Ajoutez les ailes de poulet, remuez pour bien mélanger. Couvrez et mettez toute une nuit au réfrigérateur.
3. Préchauffez le four modérément, à 210° C, et enduisez la plaque du four d'un peu d'huile. Disposez

les ailes de poulet sur la plaque, et faites-les cuire 20 mn, jusqu'à ce qu'elles soient bien cuites. Sortez-les du four et mettez-les 3 à 5 mn sous un gril chaud, jusqu'à ce qu'elles soient croustillantes et dorées, en le retournant de temps en temps. Servies avec une sauce au piment doux, elles n'en seront que meilleures.

Légumes croquants à la vinaigrette orientale

Temps de préparation :
15 minutes
Temps de cuisson :
5 minutes
Pour 6 à 8 personnes

200 g de brocolis
200 g de chou-fleur
1 botte d'asperges fraîches

Vinaigrette orientale
2 cuil. à soupe d'huile
1 cuil. à soupe d'huile de sésame
2 cuil. à soupe de sauce soja
2 cuil. à soupe de jus de citron
   vert
2 gousses d'ail, écrasées
1 cuil. à café de sucre
1/2 cuil. à café de gingembre
   frais râpé
2 cuil. à café de coriandre
   fraîche hachée

1. Détaillez les brocolis et le chou-fleur en petits bouquets. Enlevez le bout ligneux des asperges et

À partir du haut : légumes croquants, côtes de porc aigres-douces et ailes de poulet.

coupez-les en deux. Plongez les légumes seulement 3 mn dans l'eau bouillante, de façon à ce qu'ils gardent tout leur craquant. Égouttez-les et immergez-les dans de l'eau très froide ; cela leur permet de garder leur couleur.

2. Égouttez bien les légumes, disposez-les dans le saladier de service et servez avec la vinaigrette.

3. Préparation de la vinaigrette : dans un bol, mettez l'huile, l'huile de sésame, la sauce soja, le jus de citron vert, l'ail, le sucre, le gingembre et la coriandre fraîche ; fouettez pour bien lier la vinaigrette.

45

Brochettes Satay

P lat incontournable de Malaisie, la viande marinée dans des épices, est ensuite embrochée et servie avec une sauce à l'arachide. Recettes pour 4 à 6 pers.

Satays d'agneau malaisien

Parez 500 g de filets d'agneau. Émincez au fil de la viande, en très fines lanières. (L'opération sera plus facile si la viande est froide). Mettez dans un robot ménager, 1 oignon grossièrement haché, 2 gousses d'ail, 2 cm de lemon-grass (la partie basse), 2 tranches épaisses de galangal, 1 cuil. à café de gingembre frais haché, 1 cuil. à café de cumin moulu, 1/2 cuil. à café de fenouil moulu, 1 cuil. à soupe de coriandre moulue, 1 cuil. à café de safran, 1 cuil. à soupe de sucre roux et 1 cuil. à soupe de jus de citron ; mixez jusqu'à obtention d'une consistance onctueuse. Transférez dans un plat peu profond, non-oxydable, et ajoutez les lanières d'agneau, en remuant pour bien les enrober du mélange. Couvrez et mettez au réfrigérateur toute une nuit. Embrochez la viande sur des brochettes en bambou et faites cuire 3 à 4 minutes de chaque côté, sous un grill préchauffé. Badigeonnez-les, durant la cuisson, du reste de

marinade. Servez avec une sauce Satay.

Satays de porc au piment

Parez 500 g de filet de porc. Découpez-les en petits cubes et mettez-les dans un grand saladier. Dans un bol, mélangez 2 cuil. à soupe de sauce tomate, 2 cuil. à soupe de sauce hoi-sin, 2 cuil. à soupe de sauce au piment doux, 2 gousses d'ail écrasées, 1/4 de tasse de jus de citron, 2 cuil. à soupe de miel et 2 cuil. à café de gingembre frais râpé. Versez sur la viande et remuez pour bien mélanger. Couvrez et mettez quelques heures, ou toute une nuit au réfrigérateur. Embrochez les cubes de porc sur des brochettes en bambou, ou en métal, et faites cuire 3 à 4 minutes de chaque côté sur un grill préchauffé, légèrement huilé ou sur la plaque d'un barbecue, légèrement huilée, jusqu'à ce que la viande soit tendre et bien cuite. Durant la cuisson, enduisez le porc de marinade. Servez avec une sauce Satay.

Sauce Satay

Dans une casserole, mélangez 1 tasse de jus de pamplemousse, 1 tasse de beurre de cacahuète, 1/2 cuil. à café d'ail, 1/2 cuil. à café de poudre d'oignon, 2 cuil. à soupe de sauce au piment doux et 1/4 de tasse de sauce soja. Faites chauffer 5 minutes à feu moyen, en remuant, jusqu'à obtention d'un mélange onctueux. Mouillez d'un peu d'eau, si nécessaire.

Brochettes thaï au bœuf

Parey 500 g de filet de bœuf ou de rumsteack. Découpez la viande en petits cubes, mettez-les dans un grand saladier. Dans un petit pot ou un bol, mélangez 2 cuil. à café d'huile de sésame, 1 à 2 gousses d'ail écrasées, 4 cm de racine de citronnelle finement hachés, 2 cuil. à soupe de racine et de feuilles de coriandre fraîche hachées, 1 cuil. à soupe de sauce au piment doux, 1 cuil. à soupe de sauce nuoc-mâm, 1 cuil. à soupe de jus de citron vert, 2 cuil. à café de sucre roux, 2 cuil. à soupe de feuilles de menthe fraîche et de basilic commun ou pourpre et 1 cuil. à soupe de sauce soja. Versez sur la viande, remuez pour bien mélanger. Couvrez et mettez quelques heures, ou toute une nuit, au réfrigérateur. Embrochez la viande, en alternant avec des quartiers d'oignon rouge. Faites cuire 2 à 3 minutes de chaque côté, sur un gril préchauffé légèrement huilé ou sur une plaque au barbecue, jusqu'à ce que la viande soit tendre. Badigeonnez de marinade durant la cuisson.

Poulet teriyaki

Découpez 4 blancs de poulet, ou des filets dans les cuisses, en petits cubes et mettez-les dans un saladier moyen. Dans un pot, ou un petit bol, mélangez 1/3 de tasse de sauce soja, 1 à 2 cuil. à soupe de miel, 1 à 2 gousses d'ail écrasées, 2 cuil. à café de gingembre frais râpé et 1 cuil. à soupe de xérès. Versez sur le poulet et remuez pour bien mélanger. Couvrez et mettez quelques heures, ou toute une nuit au réfrigérateur. Embrochez sur des piques en bois, en alternant 2 dés de poulet avec 1 morceau d'oignon nouveau de 3 cm. Mettez les brochettes à cuire 2 à 3 minutes de chaque côté, sur un gril huilé et préchauffé, ou sur une plaque au barbecue, jusqu'à ce que la viande soit bien cuite. Badigeonnez de marinade durant la cuisson. Servez avec une sauce au piment ou du yaourt.

À partir de la gauche : brochettes d'agneau, de porc, de bœuf thaï et de poulet teriyaki.

Boulettes épicées de crevette et de crabe à la coriandre

Temps de préparation :
25 minutes +
30 minutes au frais
Temps de cuisson :
15 minutes
Pour 25 boulettes environ

250 g de chair de crevette crue
225 g de chair de crabe en boîte
3 cm de gingembre, râpé
1 cuil. à soupe de grains de poivre verts frais, écrasés
2 blancs d'œufs
1 cuil. à soupe de sauce nuoc-mâm
1/2 tasse de feuilles de coriandre
1 cuil. à café de piment frais haché
1/2 tasse de farine de riz
Huile pour friture
Quartiers de citron, pour le service

Sauce d'accompagnement
2 cuil. à soupe de sauce nuoc-mâm
2 cuil. à soupe de vinaigre blanc
2 cuil. à soupe de jus de citron vert
1/2 cuil. à café de sucre
2 cuil. à soupe de coriandre fraîche hachée

1. Dans un robot ménager, mélangez la chair de crevette et de crabe, le gingembre, les grains de poivre, les blancs d'œufs, la sauce nuoc-mâm, la coriandre et le piment ; mixez. Incorporez la farine, couvrez et mettez 30 mn au frais.
2. Faites chauffer 3 à 4 cm d'huile dans une grande poêle à frire ; déposez des cuil. à café bien pleines du mélange à la crevette et faites-les frire 3 mn, à feu moyen, jusqu'à ce qu'elles soient dorées, de tous côtés. (Faites cuire les boulettes par fournées pour ne pas surcharger la poêle). Égouttez-les sur du papier absorbant et servez avec la sauce d'accompagnement.
3. Préparation de la sauce : Mélangez la sauce nuoc-mâm, le vinaigre, le jus de citron vert, le sucre et la coriandre ; fouettez pour bien lier.

Note : vous pouvez préparer le mélange de crevette un jour à l'avance et le mettre au réfrigérateur. Avant de le faire frire, laissez le revenir à température ambiante.

Crêpes à l'agneau

Temps de préparation :
25 minutes +
15 minutes au repos
Temps de cuisson :
30 minutes
Pour 12 crêpes environ

200 g de filet d'agneau
2 cuil. à soupe de sauce soja
1 cuil. à soupe de vin chinois (Shaosing)
1 cuil. à soupe de gingembre finement émietté
3 gousses d'ail, hachées
1/3 de tasse de fécule de maïs
3/4 de tasse de farine complète
2 œufs
3/4 de tasse d'eau
1/4 de tasse de lait
2 cuil. à café de sucre en poudre
2 cuil. à soupe d'huile
2 cuil. à soupe de sauce hoisin
3 oignons de printemps, finement hachés

1. Dénervez la viande, coupez-la en morceaux moyens et émincez-la en très fines lanières. Dans un saladier, mettez l'agneau, la sauce soja, le vin, le gingembre et l'ail. Mélangez bien et laissez reposer 15 mn.
2. Mélangez la fécule de maïs et la farine, creusez une fontaine au centre. Incorporez le mélange œufs, eau, lait et sucre ; remuez avec une cuil. en bois, jusqu'à obtention d'une pâte onctueuse.
3. Mettez 1 cuil. à soupe d'huile à chauffer dans une poêle ; versez 2 cuil. à soupe de pâte, étalez-la doucement pour former une crêpe ronde. Faites cuire 2 mn à feu moyen, jusqu'à ce que le fond de la crêpe soit croustillant et doré. Retournez-la et laissez-la cuire 10 secondes. Gardez-la au chaud pendant que vous faites cuire le reste de pâte.
4. Mettez le reste d'huile à

Crêpes à l'agneau (en haut) et boulettes épicées de crevette et de crabe à la coriandre.

chauffer, ajoutez l'agneau, par fournées, et laissez cuire 30 à 60 secondes, à feu vif, jusqu'à ce qu'il soit doré. Versez la sauce hoisin dans la poêle ;

remettez tous les morceaux d'agneau cuits, remuez et sortez du feu. Déposez 1 cuil. à soupe de viande sur chaque crêpe, saupoudrez d'oignon

nouveau et servez.
Note : vous aurez plus de facilité à émincer le filet d'agneau, si vous le mettez auparavant 30 mn au congélateur.

Œufs de caille au coriandre et à la mayonnaise menthe

Temps de préparation :
  20 minutes
Temps de cuisson :
  5 minutes
Pour 12 personnes

24 œufs de caille
1 cuil. à soupe de coriandre
  fraîche
1 cuil. à soupe de menthe
  fraîche
1/2 tasse de mayonnaise
1/2 tasse de yaourt au lait
  entier
1 cuil. à café de curry en
  poudre
1/2 cuil. à café de sucre
Feuilles de salade, pour le
  service

1. Déposez les œufs dans une casserole d'eau froide et portez à ébullition. Laissez bouillir 5 mn, doucement, égouttez et immergez les œufs dans de l'eau froide. (Ceci évite aux jaunes d'œufs de se décolorer).
2. Hachez finement la coriandre et la menthe. Mélangez-les dans un bol à la mayonnaise, au yaourt, au curry en poudre et au sucre. Tapotez doucement les œufs et enlevez la coquille.
3. Coupez les œufs en deux,

dans le sens de la longueur, disposez-les sur les feuilles de laitue et nappez-les de mayonnaise.

Gow Gees de crevette

Temps de préparation :
  30 minutes
Temps de cuisson :
  30 minutes
Pour 30 Gow Gees environ

250 g de chair de crevette crue,
  grossièrement hachée
4 oignons de printemps,
  finement émincés
1 cuil. à soupe de gingembre
2 cuil. à soupe de châtaignes
  d'eau hachées
3 cuil. à café de fécule de maïs
2 cuil. à café d'huile de sésame
1 cuil. à café de sauce soja
1/2 cuil. à café de sucre
Sel et poivre, à volonté
30 Gow Gees ronds
Huile de sésame,
  supplémentaire, pour le
  glaçage

1. Dans un bol, mélangez la chair de crevette, les oignons, le gingembre et les châtaignes d'eau. Dans un autre bol, mettez la fécule de maïs, l'huile de sésame, la sauce soja, le sucre, le sel et le poivre ; mélangez jusqu'à obtention d'une pâte onctueuse et versez dans la préparation à la crevette.

2. Préparez un cercle de pâte à la fois, gardez les autres couverts. Mettez un cercle de pâte dans la paume de la main (cela maintient la pâte au chaud) et déposez 1 cuil. à café de garniture au centre. Repliez les bords et pincez-les pour fermer la galette. Aplatissez la base du gow gee et repliez les deux extrémités pour former un croissant. Enduisez très légèrement d'huile de sésame. Posez les Gow Gees sur une la plaque huilée.
3. Chemisez le fond d'un panier-vapeur en bambou, ou en métal, avec un cercle de papier sulfurisé. Disposez les gow gees sur le papier, en les espaçant bien. (Il sera peut-être nécessaire de les faire cuire par fournées). Couvrez le panier-vapeur et faites cuire 8 mn, au dessus d'une casserole d'eau frémissante, jusqu'à ce que la pâte soit légèrement soufflée et transparente. Servez aussitôt avec l'huile de sésame mélangée à la sauce soja, si vous le souhaitez.

Note : faites cuire les gow gees à la vapeur, 1 heure avant de les préparer - si la pâte est humide, vous ne pourrez pas les utiliser. Congeler les gow gees, sans les superposer, vous pourrez les garder 3 mois. Ne les faites pas décongeler juste avant de les faire cuire, mais faites-les cuire 2 mn de plus.

Gow Gees de crevette (en haut)
et œufs de caille à la coriandre et mayonnaise menthe.

Blancs de poulet aux 5 épices

Temps de préparation :
20 minutes
Temps de cuisson :
45 minutes + toute une nuit au
repos
Pour 16 blancs

3 oignons de printemps
4 gousses d'ail
1 cuil. à soupe de sucre
1 cuil. à soupe de poudre aux 5
épices
2 cuil. à soupe de sauce nuoc-
mâm
2 cuil. à soupe de sauce soja
2 cuil. à soupe de sauce au
piment doux
Sel, à volonté
16 blancs de poulet
Quartiers de citron, pour le
service

1. Hachez finement les oignons et l'ail. Mettez-les dans un bol, avec le sucre, la poudre aux 5 épices, la sauce nuoc-mâm, la sauce soja, la sauce au piment doux et le sel ; remuez pour bien mélanger.
2. Disposez les blancs de poulet dans un plat peu profond, non-oxydable, et versez la marinade. Retournez le poulet pour bien l'enduire de marinade. Couvrez les blancs et mettez-les au réfrigérateur toute une nuit.
3. Préchauffez le four à 210° C, et badigeonnez la plaque du four d'huile. Disposez les blancs sur la plaque, et faites-les cuire 45 mn, jusqu'à ce qu'ils soient croustillants. Servez chaud, avec les quartiers de citron.

Boulettes Char Sui

Temps de préparation :
40 minutes
Temps de cuisson :
20 minutes
Pour 15 croquants environ

3 champignons chinois
déshydratés
1/2 tasse d'eau chaude
2 cuil. à café d'huile
2 gousses d'ail, hachées
3 oignons nouveaux, hachés
1 carotte moyenne, épluchée et
finement hachée
150 g de char sui (porc chinois
rôti), haché
2 cuil. à café de sauce d'huître
1/2 tasse de farine
1/4 cuil. à café de sucre en
poudre
Sel et poivre, à volonté
1 cuil. à soupe d'huile
supplémentaire
2 cuil. à soupe de vin chinois ou
de xérès
2 cuil. à soupe d'eau froide
Huile pour petite friture

1. Faites tremper les champignons 10 mn dans l'eau chaude, égouttez-les et hachez-les finement ; jetez les queues. Mettez l'huile à chauffer dans une poêle à frire ; ajoutez l'ail et les oignons nouveaux et faites cuire 1 minute, en remuant sans arrêt. Incorporez la carotte et le char sui, laissez cuire 2 mn de plus, en remuant sans arrêt. Ajoutez la sauce d'huître et les champignons, couvrez et laissez cuire 1 minute à l'étouffée. Sortez du feu et laissez la préparation refroidir complètement.
2. Tamisez la farine au dessus d'un saladier moyen ; ajoutez le sucre, le sel, le poivre, l'huile, le vin et l'eau. Battez avec une cuil. en bois pour obtenir une pâte onctueuse ; incorporez la préparation de char sui. Formez de petites boulettes.
3. Mettez 1 à 2 cm d'huile à chauffer dans une poêle ; ajoutez les boulettes et faites-les frire 2 mn, à feu moyen, jusqu'à ce qu'elles soient bien dorées ; égouttez-les sur du papier absorbant. Répétez l'opération avec le reste de boulettes, en rajoutant de l'huile, si nécessaire. Servez immédiatement.
Les patates douces sont particulièrement conseillées pour accompagner le porc rôti, comme indiqué sur la photo.

Boulettes Char Sui (en haut) et blancs de poulet aux 5 épices.

Crêpes frites à l'oignon

Temps de préparation :
30 minutes
Temps de cuisson :
15 à 20 minutes
Pour 30 crêpes environ

1 tasse de farine
1 œuf, légèrement battu
1/2 cuil. à café d'huile de sésame
1 à 2 cuil. à soupe d'eau
2 oignons de printemps, finement hachés
3 cuil. à soupe d'huile
Huile de sésame supplémentaire

1. Pour faire la pâte, mettez la farine dans un grand saladier, creusez une fontaine au centre et ajoutez l'œuf battu, l'huile de sésame et 1 cuil. à soupe d'eau. Mélangez avec un couteau à lame plate jusqu'à ce que la pâte commence à s'assouplir ; ajoutez plus d'eau (par petites doses) si la pâte vous semble trop sèche. Ramassez la pâte en une boule et mettez-la 20 mn au réfrigérateur.

2. Pétrissez la pâte sur une surface légèrement farinée, jusqu'à ce qu'elle soit lisse et élastique. Abaissez-la pour former un grand rectangle d'environ 2 mm d'épaisseur.

3. Badigeonnez légèrement la pâte d'huile de sésame et parsemez-la d'oignons nouveaux. Repliez, pour la fermer, les bords de cette crêpe vers le centre. Aplatissez-la légèrement au rouleau, en partant du bas. Retournez-la et abaissez-la sur une épaisseur de 2 mm.

4. Avec un emporte-pièce rond, de 4 cm, découpez des cercles de pâte et réservez-les.

5. Mettez 1 cuil. à soupe d'huile à chauffer dans une poêle peu profonde, anti-adhésive ; faites frire les crêpes des deux côtés, jusqu'à ce qu'elles soient légèrement soufflées et dorées. Répétez l'opération avec le reste de crêpes, en rajoutant de l'huile, si nécessaire. Servez aussitôt.

L'ASTUCE

Ces crêpes sont délicieuses servies avec une sauce d'accompagnement composée de sauce au piment doux, d'une goutte de sauce soja et d'un peu de jus de citron vert. Vous pouvez enrichir la garniture avec un peu de ciboulette hachée, du basilic ou de la coriandre. Parsemez d'oignons nouveaux.

Crêpes frites à l'oignon sur un lit de feuilles de laitue.

1. Travaillez le mélange au couteau jusqu'à ce que la pâte commence à prendre.

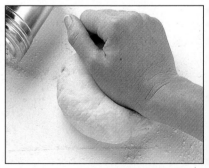

2. Pétrissez la pâte sur une surface farinée jusqu'à ce qu'elle devienne lisse et élastique.

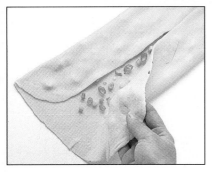

3. Repliez les bords de la crêpe vers le centre sur les oignons de printemps.

4. Avec un emporte-pièce rond, de 4 cm, découpez des cercles dans la pâte.

Beignets de patates douces

Temps de préparation :
25 minutes
Temps de cuisson :
10 à 15 minutes
Pour 30 beignets environ

1 tasse de farine complète
3/4 de tasse de farine de riz
1/3 de tasse de fécule de maïs
2 œufs, battus
1 tasse d'eau froide
1 cuil. à café de sel
1/4 cuil. à café de poivre noir
2 tasses de patates douces,
rapées
1 petit oignon de printemps,
finement haché
2 gousses d'ail, hachées
1/2 tasse de germes de soja,
grossièrement hachés
Huile pour petite friture
30 petites crevettes cuites,
décortiquées

Sauce d'accompagnement
1/3 de tasse de vinaigre blanc
1/3 de tasse d'eau froide
2 gousses d'ail, finement
écrasées
1 cuil. à café de sel

1. Dans un robot ménager, mettez la farine, la farine de riz, la fécule de maïs, les œufs, l'eau, le sel et le poivre. Mixez 1 minute, jusqu'à obtention d'une consistance onctueuse. Versez cette pâte dans un saladier. Ajoutez les patates douces, l'oignon nouveau, l'ail et les germes de soja ;

mélangez bien.
2. Faites chauffer 1 à 2 cm d'huile dans une poêle. Avec 2 cuil.s, mettez environ l'équivalent d'1 cuil. à soupe du mélange, dans l'huile. Déposez une crevette sur chaque beignet, durant la cuisson. Laissez frire 2 minutes chaque beignet, jusqu'à ce qu'ils soient bien dorés. Sortez-les de la poêle et égouttez-les sur du papier absorbant. Répétez l'opération avec le reste de préparation et de crevette. Servez aussitôt avec la sauce d'accompagnement.
3. Préparation de la sauce : Dans un bol, mélangez le vinaigre, l'eau, l'ail et le sel ; fouettez pour bien lier.

Poulet laqué

Temps de préparation :
15 minutes
Temps de cuisson :
1 heure
Pour 10 personnes

3 champignons chinois
déshydratés
1/2 tasse d'eau chaude
1/2 tasse de sauce soja foncée
1/4 de tasse de sucre roux
2 cuil. à soupe de vin de
chinois (Shaosing)
1 cuil. à soupe de sauce soja
1 cuil. à café d'huile de sésame
1/4 cuil. à café d'anis étoilé
moulu ou 1 anis étoilé entier
1 poulet de 1,4 kg

4 cm de gingembre, râpé
1 cuil. à café de sel

1. Mettez les champignons à tremper dans l'eau ; égouttez-les et gardez l'eau. Dans une petite casserole, mélangez la sauce soja foncée, le sucre, le vin, la sauce soja, l'huile de sésame, l'anis étoilé et l'eau réservée ; portez à ébullition, en remuant sans arrêt.
2. Badigeonnez l'intérieur du poulet de gingembre et de sel. Mettez le poulet dans une grande sauteuse. Recouvrez-le de marinade au soja et des champignons, en le retournant pour bien l'enduire. Couvrez et laissez mijoter le poulet 55 minutes, à petit feu, en le retournant de temps en temps, jusqu'à ce qu'un jus clair s'en écoule lorsque vous le percez avec un pique. Sortez le poulet et laissez-le refroidir légèrement. Faites bouillir la sauce à feu vif, jusqu'à ce qu'elle épaississe et devienne sirupeuse. Jetez les champignons.
3. Avec un hachoir ou un grand couteau pointu, découpez la carcasse du poulet en deux. Posez les deux morceaux, à plat, sur une planche à découper et détachez les ailes et les cuisses. Découpez le corps du poulet en morceaux de 2 cm ; découpez les ailes et les cuisses en deux.

Beignets de patates douces (en haut) et poulet laqué.

Disposez les morceaux sur un plateau de service, badigeonnez-les légèrement de la sauce et servez. Ce poulet est délicieux accompagné d'oignons de printemps émincés. Vous pouvez aussi servir la sauce comme accompagnement.

Note : la sauce soja foncée, disponible dans les épiceries asiatiques, est d'une consistance plus épaisse que la sauce soja classique.

Empanadas

Temps de préparation :
30 minutes + 30 minutes au
repos
Temps de cuisson :
40 minutes
Pour 24 empanadas

Garniture
1 cuil. à soupe d'huile
4 tranches de lard, hachées
1 gros oignon, finement haché
3 gousse d'ail, hachées
150 g de porc et de veau
   hachés
150 g de poulet haché
2 cuil. à soupe de concentré de
   tomates
1 cuil. à café de sucre roux
1 cuil. à soupe d'eau
2 œufs durs, hachés
4 cornichons, finement hachés,
   facultatif
1/2 tasse de feuilles de
   coriandre, hachées
1 blanc d'œuf, battu
Huile pour petite friture

Pâte
2 tasses 1/4 de farine
1/2 tasse d'eau
1 œuf, battu
1 cuil. à café de sucre en
   poudre
50 g de beurre, fondu

1. Mettez l'huile à chauffer
dans une poêle ; ajoutez le
lard, l'oignon et l'ail et
faites revenir 5 mn, à feu
moyen, en remuant

souvent. Ajoutez la viande
et le poulet hachés, laissez
cuire 5 mn de plus, en
détachant la viande avec
une fourchette, jusqu'à ce
qu'elle soit dorée. Ajoutez
le concentré de tomates, le
sucre et l'eau, portez la
préparation à ébullition, en
remuant. Baissez le feu et
laissez mijoter 20 mn, à
découvert. Ajoutez les
œufs, les cornichons (si
vous en utilisez) et la
coriandre hachée. Laissez
reposer au moins 30 mn, le
temps que la préparation
refroidisse.
2. Préparation de la pâte :
dans un robot ménager,
mélangez la farine, l'eau,
l'œuf, le sucre et le beurre ;
mixez 20 à 30 secondes, le
temps que la pâte prenne.
Transférez sur une surface
farinée et pétrissez la pâte
légèrement. Recouvrez-la
d'un film plastique et
laissez reposer 10 mn.
3. Abaissez la pâte en un
rectangle de 30 x 20 cm.
Badigeonnez-la de beurre
fondu et roulez-la en forme
de saucisse. Découpez des
tranches de 3 cm,
recouvrez d'un torchon
propre pour éviter que la
pâte ne sèche. Abaissez

une tranche de pâte en un
cercle de 8 cm. Déposez 2
cuil.s à soupe de garniture
au centre et enduisez
légèrement les bords de la
pâte de blanc d'œuf.
Repliez un bord de la pâte
sur l'autre. Pincez les bords
pour former l'empanada et,
si vous le souhaitez,
dentelez-les à l'aide d'une
fourchette. Déposez les
empanadas sur une plaque
et répétez l'opération avec
le reste de garniture et de
pâte.
4. Dans une grande poêle,
faites chauffer 1 à 2 cm
d'huile, mettez-y les
empanadas et faites-les
cuire 2 à 3 mn de chaque
côté, par fournées, à feu
moyen. Égouttez-les sur du
papier absorbant et servez.

LE SECRET
Les empanadas sont de
nos jours très appréciés
aux Philippines. Ils
constituent de délicieux
amuse-gueules. Roulez les
cercles de pâte en ronds
de 16 cm (assurez-vous de
couper la pâte en
tranches de 5 à 6 cm).
Mettez le double de
garniture au centre,
repliez la pâte et pincez
les bords. Durant la
cuisson, ajoutez un peu
plus d'huile dans la poêle
et faites cuire les
empanadas plus
longtemps.

Empanadas

Saucisses chinoises épicées en chausson

Temps de préparation :
   30 minutes +
   25 minutes au repos
Temps de cuisson :
   30 minutes
Pour 12 chaussons environ

Pâte
1 tasse de farine avec levure incorporée
2 cuil. à café de levure
1/4 de tasse de lait chaud
2 cuil. à café de sucre
2 cuil. à café de saindoux

Garniture
6 saucisses de porc chinoises
2 cuil. à soupe de sauce aux prunes ou de sauce hoisin
2 cuil. à café de sauce soja

1. Tamisez la farine et la levure au dessus d'un saladier. Creusez une fontaine au centre du mélange, ajoutez le lait, le sucre et le saindoux. Mélangez avec une cuil. en bois, pour obtenir une pâte lisse. Recouvrez la pâte d'un film plastique et laissez reposer 20 mn.
2. Coupez les saucisses en deux, mettez-les dans un saladier avec la sauce aux prunes, ou la sauce hoisin, et la sauce soja, remuez pour bien enrober les saucisses. Recouvrez d'un film plastique et laissez reposer 25 mn.

3. Saupoudrez le plan de travail de farine (utilisez la farine avec levure incorporée), posez la pâte et pétrissez-la doucement avec les mains farinées, jusqu'à ce qu'elle soit souple et élastique. Roulez la pâte en une saucisse épaisse de 30 cm de long. Découpez-la en 16 morceaux et recouvrez d'un torchon propre, pour éviter que la pâte ne sèche. Travaillez un morceau de pâte à la fois ; roulez la pâte entre vos mains légèrement farinées pour former une fine saucisse d'environ 10 cm de long. Roulez le morceau de pâte en spirale autour d'une saucisse, en laissant les bouts dépasser. Déposez le chausson sur une plaque huilée, et répétez l'opération avec le reste de pâte et de saucisses.
4. Chemisez le fond d'un panier-vapeur en bambou, ou en métal, avec un cercle de papier sulfurisé. Disposez les chaussons de saucisses sur le papier, en les espaçant bien. (Faites-les cuire par fournées si nécessaire). Couvrez le panier-vapeur, et faites cuire 12 à 15 mn, au dessus d'une casserole d'eau frémissante, jusqu'à ce que la pâte soit soufflée et ferme au toucher. Répétez l'opération avec les chaussons restants et servez aussitôt, avec une sauce aux prunes ou une sauce hoisin, si vous le souhaitez.

Note : la saucisse chinoise (lup chiang) est une saucisse de porc épicée disponible fraîche ou en paquet sous-vide, dans les épiceries asiatiques. Le saindoux est essentiel pour la préparation ; vous le trouverez au rayon frais des supermarchés ou dans les épiceries asiatiques.

Beignets de crevettes indiens

Temps de préparation :
   25 mn +
   30 minutes au repos
Temps de cuisson :
   20 minutes
Pour 15 beignets

350 g de crevettes crues
1 oignon moyen, grossièrement haché
2 gousses d'ail, hachées
4 cm de gingembre, râpé
1 à 2 cuil. à soupe de pâte de curry
2 cuil. à soupe de jus de citron
1/2 tasse de feuilles de coriandre
1 cuil. à café de safran
1/2 cuil. à café de sel
1/4 cuil. à café de poivre noir broyé
1/2 tasse de farine de besan (farine de pois chiches)
Huile pour petite friture

1. Décortiquez et déveinez les crevettes. Dans un robot ménager, mettez les crevettes, l'oignon, l'ail, le gingembre, la pâte de curry, le jus de citron, la coriandre,

Saucisse chinoise épicée en chausson (en haut) et beignets de crevettes indiens.

le safran, le sel et le poivre. Mixez 20 à 30 secondes pour bien lier. Couvrez et mettez 30 mn au réfrigérateur.
2. Formez des pâtés ronds avec de grosses cuil. à soupe de cette préparation et passez-les légèrement dans la farine de besan. Mettez 1 à 2 cm d'huile à chauffer dans une poêle, ajoutez les beignets, par fournées. Faites-les frire 3 mn, à feu moyen, jusqu'à ce qu'ils soient bien dorés. Égouttez-les sur du papier absorbant et servez. Accompagnez ce plat de yaourt entier et de quartiers de citron, si vous le souhaitez.
Note : les différentes variétés de pâte au curry – Madras, Vindaloo, Masala et les autres – contiennent des épices, des saveurs et un degré de piquant différents. Utilisez celle de votre choix.

61

Sauces d'accompagnement

Les Yum Cha sont souvent servis avec une sauce d'accompagnement. Cet ouvrage en fait la démonstration. En voici ici quelques exemples.

Sauce aigre-douce

Dans une petite casserole, mettez 1 tasse de jus d'ananas, 1/4 tasse de xérès et de vinaigre de vin blanc, 2 cuil. à soupe de sucre roux et 2 cuil. à café de sauce soja. Remuez sur feu moyen, pour dissoudre l'ensemble. Dans un petit bol, mélangez 1 cuil. à soupe de fécule de maïs et 1 cuil. à soupe d'eau, remuez pour obtenir une pâte onctueuse ; versez dans la casserole et remuez, jusqu'à ce que la préparation boue, épaississe et éclaircisse. Servez chaud.

Nam pla

Épépinez et hachez finement la moitié d'un concombre libanais. Mettez-le dans un petit bol, avec 2 oignons de printemps finement hachés, 1 piment rouge (égrainé) finement haché et 1 cuil. à soupe de coriandre fraîche finement hachée. Dans une petite casserole, mettez à chauffer 1/3 de tasse de sucre en poudre, 3/4 de tasse de vinaigre blanc et 1/4 de tasse d'eau ; remuez jusqu'à ce que le tout soit dissous.

Laissez refroidir et servez.

Sauce au piment fort

Mélangez 2 cuil. à café de sambal oelek avec 1/3 de tasse de vinaigre de vin de riz et 1 cuil. à café de sucre.

Sauce soja et gingembre

Mélangez 2 cuil. à café de gingembre frais râpé avec 1/2 tasse de sauce soja. Ajoutez 1 gousse d'ail écrasée ou un peu de sauce au piment à volonté, si vous préférez.

Sauce aux prunes

Égouttez le contenu d'une boîte de 425 g de prunes et réservez leur jus. Dénoyautez les fruits et mixez la chair au robot ménager. Dans une petite casserole, mélangez le jus des prunes et la chair en purée, 1/2 tasse de sucre roux, 1/2 tasse de vinaigre de malt, 1 cuil. à café de gingembre râpé et 2 gousses d'ail écrasées. Portez à ébullition, baissez le feu et laissez mijoter 30 minutes, en remuant de temps en temps. Servez à température ambiante.

Dans le sens des aiguilles d'une montre, à partir de la gauche : sauces aigre-douce, soja et gingembre, piment fort et thaï.

Index